Tirso de Molina

La Santa Juana III

Barcelona **2024**
Linkgua-ediciones.com

Créditos

Título original: La santa Juana.

© 2024, Red ediciones S.L.

e-mail: info@linkgua.com

Diseño de cubierta: Michel Mallard.

ISBN tapa dura: 978-84-9953-841-9.
ISBN rústica: 978-84-9816-521-0.
ISBN ebook: 978-84-9897-083-8.

Cualquier forma de reproducción, distribución, comunicación pública o transformación de esta obra solo puede ser realizada con la autorización de sus titulares, salvo excepción prevista por la ley. Diríjase a CEDRO (Centro Español de Derechos Reprográficos, www.cedro.org) si necesita fotocopiar, escanear o hacer copias digitales de algún fragmento de esta obra.

Sumario

Créditos _____ 4

Brevísima presentación _____ 7
  La vida _____ 7

Personajes _____ 8

Jornada primera _____ 9

Jornada segunda _____ 55

Jornada tercera _____ 95

Libros a la carta _____ 133

Brevísima presentación

La vida

Tirso de Molina (Madrid, 1583-Almazán, Soria, 1648). España. Se dice que era hijo bastardo del duque de Osuna, pero otros lo niegan. Se sabe poco de su vida hasta su ingreso como novicio en la Orden mercedaria, en 1600, y su profesión al año siguiente en Guadalajara. Parece que había escrito comedias y por entonces viajó por Galicia y Portugal. En 1614 sufrió su primer destierro de la corte por sus sátiras contra la nobleza. Dos años más tarde fue enviado a la Hispaniola (actual República Dominicana) y regresó en 1618. Su vocación artística y su actitud contraria a los cenáculos culteranos no facilitó sus relaciones con las autoridades. En 1625, el Concejo de Castilla lo amonestó por escribir comedias y le prohibió volver a hacerlo bajo amenaza de excomunión. Desde entonces solo escribió tres nuevas piezas y consagró el resto de su vida a las tareas de la orden.

La trilogía de La Santa Juana pertenece al teatro hagiográfico de Tirso de Molina. Aquí se relatan diferentes episodios de la vida de Santa Juana, desde su conflicto inicial con la vida profana y la religiosa hasta su visión casi epifánica de los sucesos terrenales. La obra tiene además un trasfondo mundano en el que destacan personajes como el emperador Carlos V.

Personajes

Aldonza
Berrueco, pastor
César
Crespo, pastor
Cristo, Nuestro Señor
Don Jorge
Don Luis
Doña Inés
El Ángel de la guarda
El Niño Jesús
La Santa
La Virgen, Nuestra Señora
Lillo
María, monja
Mingo, pastor
Otra Monja
Peinado, pastor
San Laurel
Un Alma
Una Niña

Jornada primera

(Salen don Luis y César, como de noche.)

Luis   ¿Hay más de eso?

César   ¿Es esto poco,
don Luis, para obligaros
a la razón que os provoco?
¿No basta para apartaros
de ese pensamiento loco
  el saber cuán adelante
ha estado mi amor constante
y que fui favorecido
poco menos que un marido
y mucho más que un amante?
  ¡En un año que he gozado
el dulce entretenimiento
que ya niega a mi cuidado,
mil veces mudé el asiento
desde la silla a su estrado,
  y en él dando a mis amores
esperanzas en favores
de cintas, guantes, cabellos,
he alcanzado otros por ellos,
no sé si diga mayores.
  Esto es cierto; averiguadlo,
y si veis que vuelve atrás
vuestro crédito, dejadlo.

Luis   ¿Tenéis que decirme más?

César   Harto os he dicho, miradlo.

Luis

    Ya lo he visto, y como es
el amoroso interés
feria de cambios y trazas,
sabéis mucho en sus trapazas,
que sois, César, genovés.
    Ya sé que vuestras porfías
por remediar vuestros daños
inquietan las dichas mías;
que son propios los engaños
en guerras y en mercancías,
    y como es guerra el amor
y mercancía la mejor
que pone el gusto en su tienda,
por quedaros con la hacienda
dais hoy en enredador.
    Pero no habéis de tener
mucha ganancia conmigo,
que es necio, a mi parecer,
quien fía de su enemigo
o cree a su mercader.
    Doña Inés es principal
y discreta, y siendo tal,
cuando algún favor os diese
no haría cosa que estuviese
a su reputación mal,
    y a hacerla vos, en efeto,
de cuatro eses con que han dado
fama al amante discreto,
la mejor habéis borrado,
que es la «ese» del secreto;
    y a quien no sabe guardalle
hace bien en despreciarle
y echar de la voluntad
a quien, quizá sin verdad,

sus faltas echa en la calle.

César

    Refrenad la lengua airada,
que en un caballero es mengua
el no tenerla enfrenada,
y contra una libre lengua
suele ser lengua la espada;
  que no sin causa parece
lengua el acero que ofrece
venganza que a la honra sigue,
porque una lengua castigue
lo que otra lengua merece.
  Y si el término os provoca
de mi trato cortesano,
responded por lo que os toca
con la lengua de la mano
y dejad la de la boca.
  Yo ha un año que a doña Inés
pretendo y sirvo y después,
puede ser que por venganza
de celos o de mudanza,
que es mujer, y ella lo es,
  dicen que da en admitiros
y en olvidarse de mí.
Yo he venido a persuadiros
con término honrado aquí,
mas pues no basto a advertiros
  cosas que pusieran tasa
en el amor que os abrasa,
a ser más considerado,
hoy vengo determinado
a que no entréis en su casa.
  Mi resolución es ésta,
la vuestra haced manifiesta

| | luego, que de no lo hacer,
la espada sola ha de ser
quien me ha de dar la respuesta. |
|---|---|
| Luis | A estar en otro lugar
y no en la calle y la puerta
de mi casa, sin hablar,
respuesta os diera tan cierta
como lo es vuestro pesar;
   pero en otro más capaz
a vuestro amor pertinaz
responderé por borralle,
que es el reñir en la calle
llamar a quien ponga paz. |
| César | Yo no tengo sufrimiento
para tanta dilación,
y así, aquí vengarme intento. |
| Luis | Castigara mi razón
vuestro mucho atrevimiento. |

(Riñen. Sale don Diego, viejo.)

| Diego | ¿Qué es esto? ¿Agora pendencia,
y en la calle? Don Luis,
ten respeto a mi presencia.
Señor, tened, si os servís,
a mi vejez reverencia.
   Loco, sosiégate ya,
mira que tu padre está
embotando a tu rigor
los filos. Señor, señor,
sosegaos. |

Luis
                    Entraos allá,
                padre, no deis...

Diego
                            Tente inquieto.

Luis
            Si os pierdo el respeto.

Diego
                              Impida
        mi amor tu enojo indiscreto.

Luis
            ¡Oh!

Diego
                  No pierdas tú la vida
          y piérdeme a mí el respeto;
            y vos, señor caballero,
        templad el airado acero;
        si a esto un viejo padre os mueve
        en esta agua, en esta nieve.

Luis
        Ya yo os advertí primero
           que no hace el valor alarde
        cuando riñe donde acuda
        gente que su vida guarde,
        y que siempre pide ayuda
        de aquesa suerte el cobarde.
          Ya veis de eso prueba llana;
        yo os avisaré mañana
        donde, sin impedimento,
        nos veamos.

César
                    Soy contento.

Diego
        De su mocedad liviana

	algún mal suceso espero.
Luis	¡Oh, qué importuna vejez!
Diego	Tenme respeto.
Luis	No quiero.

(Vase don Luis.)

Diego	¡Quiera Dios que alguna vez no lo pagues! Caballero, no os vais, esperad un poco, si con ruegos os provoco.
César	Ya yo os espero admirado de que a padre tan honrado desprecie un hijo.
Diego	Es un loco.
César	Quien tan poca reverencia tiene a su padre no hay duda que morirá en la pendencia mañana, pues en mi ayuda ha de ser su inobediencia. ¿Qué es, señor, lo que mandáis?
Diego	Que la causa me digáis de este enojo. ¿Es por el juego?
César	Todo es uno, luego y fuego, si una letra les mudáis; fuego es amor, y amor es

      ocasión de esta pendencia.
Yo quiero a una doña Inés,
tan bella, que en su presencia
el Sol se postra a sus pies;
      tan rica, que su caudal
es a su belleza igual;
tan noble, como notable
en hacienda, y tan mudable,
como bella y principal;
      un año ha que la he servido
dando el fuego que me abrasa
tantas muestras, que he tenido
en su calle y en su casa
parabienes de marido;
      porque, aunque es tal doña Inés,
la corte sabe quién es
mi linaje y la nobleza
que se iguala a mi riqueza.

Diego   ¿No sois César, genovés?

César   Para serviros.

Diego   La fama
que en Madrid todos os dan
tanto os celebra, que os llama
rico, discreto, galán,
y digno que cualquier dama
      de vuestro amor sea testigo.

César   Hacéisme merced.

Diego   No digo
sino solo lo que sé.

César   Estos favores gocé
un año; pero, en castigo
   de lo que nunca he pecado,
mudóse por persuadirme
la variedad de su estado;
mas, mujer y un año firme,
¿a quién no diera cuidado?
   Supe que quien eclipsaba
la luz que mi amor gozaba
era don Luis; pedíle
me escuchase, persuadíle
cuán mal a su honor estaba
   su pretensión amorosa,
porque amar a doña Inés
y no amarla para esposa
no es posible, y esotro es
empresa más peligrosa.
   Fue la respuesta, en efeto,
no con el justo respeto
y valor que merecía
mi término y cortesía,
mas no hay enojo discreto;
   obligóme a desafialle,
no reparando en que estaba
a su mesma puerta y calle;
llegastes, y aunque bastaba
vuestra vista a sosegalle,
   hizo su cólera prueba
de la inobediencia nueva
con que ciego os respondió,
y quien a vos se atrevió,
¿qué mucho que a mí se atreva?
   Éste es, señor, el suceso

	y ocasión de esta pendencia.
Diego	Luis es mozo y travieso; y de su poca experiencia se arguye su poco seso; y pues en vos resplandece lo uno y otro, si merece obligaros mi vejez, tened a raya esta vez la furia que os embravece, que yo haré que don Luis no hable con esa dama por quien con él competís.
César	Mal reprimiréis su llama, pues que tan mal reprimís la libertad con que os trata.
Diego	No importa, que amor dilata las leyes entre hijo y padre, y en su rostro el de su madre, que esté en el cielo, retrata. Es mi único heredero, y aunque me pierde el decoro, no os espante si le quiero, que en su juventud de oro dora mi vejez su acero. Si esta razón es bastante no ha de pasar adelante, César, aquesta quistión.
César	Como la reputación, que a un hombre es tan importante, no pierda en mí su valor,

	y él deje su intento, digo que, por serviros, señor, desde hoy en nombre de amigo, trueco el de competidor.
Diego	Dadme esos brazos por él, y de este enojo cruel, una amistad nazca nueva.
César	Y el alma en ellos, en prueba de que soy su amigo fiel y hijo vuestro, si por vos deja aquesta competencia.
Diego	No la tendréis más los dos.
César	Yo fío en vuestra prudencia.
Diego	Bien podéis.
César	Adiós.
Diego	Adiós.

(Vase César.)

| Diego | Si la imagen al espejo
causa amor tan excelente,
como a la experiencia dejo,
siendo solo un accidente
que pinta el cristal reflejo,
¿qué mucho llegue a querer
un padre a un hijo en quien ver
pueda, no como en cristal, |

su retrato accidental,
sino su sustancia y ser?
   No tengo más de este hijo
y si la vejez desea
hacer que en tiempo prolijo
su memoria eterna sea,
y, como Séneca dijo:
   «Por eso el viejo edifica
para que en lo que fabrica
viva su memoria quede»,
¡con cuánta más razón puede
si en hijos su amor aplica
   eternizar su blasón
sin que el olvido le ultraje,
pues solos los hijos son
para gloria de un linaje
su eterna conservación!
   Mil travesuras consiento
a don Luis, y aunque siento
que lo hago mal, el amor
de las manos de el rigor
quita el castigo violento.

(Salen Lillo y don Luis.)

Lillo   No estuviera yo delante
          y de carrillo a carrillo
          llevara un pasa volante
          con que diera al diablo a Lillo
          y olvidara el ser amante.

Luis   ¿Eres valiente?

Lillo   ¿Eso dices?

	¿No he hecho yo porque autorices
mis lacayas maravillas
que, como hay adoba sillas,
hay aquí adoba narices?
¿Qué cara no he sobrescrito
cual si fuera sambenito,
donde quien verlo desea
en sus puntadas no lea
Lillo me fecit escrito?
Vive Dios, si el genovés
delante de mí te hablara
que de un tajo o de un revés
la cabeza le envïara
rodando hasta doña Inés.
Luis	¡Ay, fanfarrón!
Lillo	No profeso
menos que hazañas...
Diego	¿Qué es eso,
Luis? ¿Dónde vos tan tarde?
Luis	Voy a buscar un cobarde.
Diego	Si fueras a buscar seso
no hicieras mal. ¿Qué locuras
son estas que, a mi pesar,
y por matarme procuras?
¿Qué es esto? ¿En qué han de parar,
Luis, tantas travesuras?
¿Por qué usas mal de mi amor?
¿Por qué malogras la flor
de tu edad desbaratada

para que, en agraz cortada,
me des vejez con dolor?
   Trújete de Torrejón,
donde naciste, y mi hacienda
te ha dado su posesión
por verte correr sin rienda
tras una loca afición
   de una villana, instrumento
de mi deshonra y tormento,
pues de suerte te ha cegado
que me dicen que la has dado
palabra de casamiento.
   Este peligro evidente
remedié, que tu muerte era,
porque en Torrejón su gente
ni libertades espera
ni atrevimientos consiente.
   Trújete a Madrid, y apenas
limpié a mis primeras penas
el llanto, cuando ya fundas
mi muerte con las segundas,
que darme la muerte ordenas.
   Como sin madre quedaste
en edad tierna y temprana,
casi en brazos te crïaste,
Luis, de la Santa Juana,
en quien mejor madre hallaste.
   No te espantes si me espanta,
hijo, que de virtud tanta
sacases tan poco seso
y salieses tan travieso
de los brazos de una santa;
   aunque de esta justa queja
tu contraria inclinación

    desengañado me deja,
que no es oveja el león
por darle leche una oveja.
    En cuantas cartas me escribe
esta santa me apercibe
el riesgo y peligro en que anda
quien como tú se desmanda
y tan sin prudencia vive.
    Dice que no te consienta
tanta libertad, que impida
con tus locuras mi afrenta,
y tema el dar de tu vida
a Dios rigorosa cuenta;
    mas mi paterna afición
rompe por todo, razón
es que de tu vida loca
te duelas.

Luis	Otra vez toca con tiempo, padre, a sermón, y predica algo más corto; ¡quizá me convertirás!
Diego	Cuando con amor te exhorto ¿esa respuesta me das? ¿Tan poco, Luis, te importo que verme muerto deseas? Ruego al cielo que lo veas presto, pues te canso tanto.
Luis	¡No faltaba más de un llanto agora!
Lillo	Señor, no seas

| | de esa condición; ya ves
que le enojas si replicas;
llega y bésale los pies. |
|-------|---|
| Luis | Pues ¿también tú me predicas? |
| Diego | ¿Quién es esta doña Inés
   que de nuevo te enloquece,
y con pendencias te ofrece
la muerte? |
| Luis | ¿Quién ha de ser?
¿Querer bien a una mujer
es milagro? |
| Diego | Bien parece,
que eres mozo. |
| Luis | Y tú eres viejo.
¿Parécete real consejo
si me casa mi ventura
con la hacienda y la hermosura
de una mujer que es espejo
   de toda la corté? Acaba. |
| Diego | En mujer empleas tu gusto
de quien otro hombre se alaba
más de lo que fuera justo;
ya esto solo te faltaba. |
| Luis | César esa fama ha echado
por verse menospreciado,
que doña Inés no es mujer
que le había de aborrecer, |

　　　　　　　　　　habiéndole una vez dado
　　　　　　　　　　　prendas ilícitas.

Diego　　　　　　　　　　　　Muda
　　　　　　　　　de parecer y afición,
　　　　　　　　　pues mi experiencia te ayuda,
　　　　　　　　　don Luis, que no es razón
　　　　　　　　　casarte tú en esa duda.
　　　　　　　　　　La honra es luz de la vida
　　　　　　　　　que hace la fama lucida;
　　　　　　　　　mas con tal riesgo se trata,
　　　　　　　　　que un soplo solo la mata
　　　　　　　　　si no está bien encendida.
　　　　　　　　　　César a probar se obliga
　　　　　　　　　lo que no es bien que yo crea;
　　　　　　　　　pero, para que se siga
　　　　　　　　　tu afrenta, cuando no sea,
　　　　　　　　　basta, Luis, que se diga.
　　　　　　　　　　Esta vez tu afición ciega,
　　　　　　　　　pues tu padre te lo ruega,
　　　　　　　　　hijo, tienes que dejar.
　　　　　　　　　Damas hay a quien amar;
　　　　　　　　　sirve, ronda, gasta, juega
　　　　　　　　　　y desperdicia mi hacienda,
　　　　　　　　　como no arriesgues la vida,
　　　　　　　　　que corre a morir sin rienda.
　　　　　　　　　César me tiene ofrecida
　　　　　　　　　su amistad como no ofenda
　　　　　　　　　　tu amor el suyo. Por mí,
　　　　　　　　　¿no harás esto?

(Habla aparte Lillo a don Luis.)

Lillo　　　　　　　　　　　　Di que sí,

	y después nunca lo hagas.
Diego	¡Qué mal, Luis, mi amor pagas!
Luis	Digo, señor, que por ti ni a doña Inés veré más ni con César reñiré.
Diego	Júralo.
Luis	En pesado das.
Diego	Jura, acaba.
Luis	En buena fe.
Diego	¿Ahora escrupuloso estás?
Luis	¿No juré? Déjame, pues.
Diego	Dios te libre de ocasiones. ¿Dónde vas, que la una es?
Luis (Aparte.)	A jugar unos doblones. (A ver voy a doña Inés.)
(Vase.)	
Diego	Quedaos, Lillo, vos.
Lillo	¿Quién, yo?
Diego	Vos, pues.

Lillo   ¿No he de ir con él?

Diego   No.

Lillo   Alto, pues, quédome aquí.

Diego   En mi casa os recibí
                          desde el día que murió
                             don Jorge, vuestro señor;
                          y aunque sin mi gusto fue,
                          como os tiene Luis amor,
                          mi propio gusto troqué
                          por el suyo; aunque mejor
                             fuera, según lo que veo,
                          no ejecutar su deseo
                          ni recibiros así.

Lillo   ¿Qué he hecho yo, pobre de mí?

Diego   Que sois mucha parte creo
                             en todas las travesuras
                          de Luis.

Lillo   ¿Soy yo su ayo
                          que a mí culparme procuras?
                          ¿Soy más de un pobre lacayo?
                          ¿Puédole yo en sus locuras
                             ir a la mano?

Diego   Los dos
                 os entendéis.

Lillo   ¡Plegue a Dios!

Diego	Basta. De las mocedades de don Jorge y libertades os echan la culpa a vos; ya sabéis que esto es verdad.
Lillo	¡Si en amos soy desdichado!
Diego	De la poca voluntad que en Cubas os han cobrado vuestros milagros sacad.

Lillo	Mal me quieren sin razón;
	mas como villanos son,
	dicen que cuando cazaba
	don Jorge gangas, andaba
	tras ellas yo como hurón;
	   y alguna causa han tenido,
	que no me quiero hacer santo;
	mas después de convertido
	y muerto don Jorge, es tanto
	lo que estoy arrepentido,
	   que, a no importar encubrillo
	y ser soberbia el decillo,
	pienso, señor, que algún día
	verás en la letanía
	y calendario un san Lillo.

Diego	Págome muy poco yo de gracias; si no pensáis mudar de vida, cesó el salario que ganáis en mi casa.
Lillo	Aqueso no;

                    todo lo dicho, señor,
                    ha sido burlas; mi humor
                    sabes, yo prometo al cielo
                    ser desde hoy un san Ciruelo.

Diego   Si no ofendiera al amor
                        que tengo a Luis, de casa
                    os echara.

Lillo   No ha de ser
                    tu favor con tanta tasa.

Diego   Que vais luego he menester
                    a Cubas.

Lillo   Señor: repasa
                        por tu memoria que estoy
                    tan mal quisto, que si voy
                    me tienen de mantear
                    todos los de aquel lugar.

Diego   Importa que llevéis hoy,
                        Lillo, a la beata Juana
                    un regalo y un papel.

Lillo   Iré, aunque de mala gana.
(Aparte.)   (Mi sentencia llevo en él.
                    ¡Oh, qué bellaca mañana,
                        Lillo, esperáis, si no huís
                    y a costillas prevenís
                    las trancas que considero!)

Diego   De la santa Juana espero
                    el remedio de Luis,

	que, si cuanto pide alcanza
	de Dios, en quien su esperanza
	pone, teniendo afición
	a Luis, de su oración
	se ha de seguir su mudanza.
	La carta a escribirle voy.

Lillo   ¡Oh, cuberos enemigos!
             temblando de aquí os estoy.

Diego   Gran cosa es tener amigos
             con Dios.

(Vase.)

Lillo   Afúfolas hoy.

(Vase. Tocan chirimías. Arriba se aparece Cristo con una túnicela encarnada, como resucitado, y la Santa Juana junto a él. Música.)

Cristo   Ya llegó de mi Asención
                 el día por ti esperado;
                 ya las llagas te he quitado
                 de mi sagrada pasión.
                 Si por tu importunación,
                 esposa cara, no fuera,
                 de por vida te las diera;
                 mas no las quieres, y ansí
                 quiero volverlas a mí,
                 que soy su divina esfera:

Santa   Eterno Esposo, no están
                 en mí con vuestra licencia
                 con la debida decencia

que a su inmenso valor dan.
Francisco, que es capitán
de vuestra iglesia, ése sí
que es digno de el carmesí
de esa amorosa librea,
porque el mundo en ella vea
el fuego que encierra en sí.
   En él sus joyas engasta
justamente vuestro amor,
que a mi sentir el dolor
de vuestra pasión me basta.

Cristo   Juana humilde, esposa casta,
aunque sin llagas estás,
mis dolores sentirás
todos los viernes que vivas.

Santa   Mercedes son excesivas.
No hay, mi Dios, que pedir más.

Cristo   Y pues hoy es mi Acensión
y al cielo glorioso vuelo,
quiero dejarte en el suelo
de mi sagrada pasión
las insignias. Éstas son.

(Aparécese la cruz y sobre ella la corona de espinas y tres clavos.)

Santa   Todo el mundo os engrandezca

Cristo   Justo es que te las ofrezca.
¿Quiéreslas?

Santa   Dulce amor, sí.

Cristo	No hallo fuera de mí
quien como tú las merezca.

(Pónele la corona de espinas en la cabeza.)

	Esta corona de espinas
sembró en mi cabeza amor.

Santa	¡Ay mi Dios, qué gran dolor!

Cristo	Mayor que el que en ti imaginas,
sintió en mis sienes divinas
mi cabeza delicada.

(Dale la cruz en la mano derecha.)

	Esta cruz, esposa amada,
te doy por más noble prenda.

Santa	Con tu divina encomienda,
rica quedaré y honrada.

(Dale los tres clavos en la mano izquierda.)

Cristo	Los tres clavos, Juana cara,
son éstos que a mis esclavos
libraron.

Santa	Todos tres clavos
poned, Señor, en mi cara,
que ya mi ventura es clara,
pues para que esté a mis pies
la Fortuna, que al través

da con todo, hacéis que pueda,
mi Dios, poner en su rueda,
en lugar de un clavo, tres.
  Para alivio de la pena
que siento ausente de Vos,
buenas memorias, mi Dios,
me dejáis.

Cristo   Sí, que eres buena.

Santa   Parezco una Santa Elena.

Cristo   Darte sus insignias quiero.

Santa   ¿Váisos, Pastor verdadero?

Cristo   Sí, Juana.

Santa   ¡Ay, prenda querida!

Cristo   ¡Ay mi esposa!

Santa   ¡Ay, mi vida!

Cristo   ¡Ay, mi oveja!

Santa   ¡Ay, mi cordero!

(Encúbrese Cristo y baja la Santa con las insignias, y aguárdala abajo el Ángel de la guarda. Toquen chirimías.)

Ángel   ¡Juana mía!

Santa   Mi ángel fiel,

                            guarda damas de mi casa,
                            fénix de amor que se abrasa
                            como salamandra en él.

Ángel   ¿Contenta estás?

Santa   Mi laurel,
                            ¿no le he de estar si me ha dado
                            las joyas mi enamorado
                            que costaron lo que Él vale,
                            pues porque el precio le iguale
                            le han costado su costado?

Ángel   Pues, porque puedas gozar
                            el bien que en ellos apoyas,
                            quiero ser tu guardajoyas.
                            En mi poder han de estar.

Santa   Pues vos las queréis guardar
                            mi hacienda estará segura.

Ángel   Dios regalarte procura.

Santa   ¿Vaisos, Ángel?

Ángel   Juana, sí.

Santa   Vamos, que no estoy en mí
                            no viendo a Vuestra Hermosura.

(Vanse. Sale Aldonza, labradora, con una cesta de garlamoras, unos manojos de trébol y poleo y otros de pajuelas, y con ella Peinado, pastor.)

Aldonza   Persiguióme don Luis

de la suerte que te cuento,
un año, tiempo bastante
para aun quien sintiera menos;
criámonos casi juntos,
y empezando de pequeño
el amor, dicen, Peinado,
que se vuelve en parentesco.
Refrené mi inclinación
por ver que era caballero
y yo labradora humilde,
puesto que Amor es soberbio;
pero como el resistirse
diz que es echar leña al fuego,
abrasábase don Luis
y amábale yo en extremo.
Dióme un martes en la noche
palabra de casamiento,
palabras pagué en abrazos;
mas fue en martes —¡mal agüero!—
Vino a saber a este punto
nuestro amor su padre viejo,
y remedió con ausencias
sus daños. ¡Caro remedio!
Cuatro, leguas de distancia
mil en su memoria han puesto,
que es niño Amor y se olvida
con cualquiera tierra en medio.
A una doña Inés, que vive
en esta casa, hace dueño
del alma que ya era mía,
y así por mi hacienda vuelvo.
Ésta es la causa, Peinado,
de mis celosos desvelos;
que han de costarme la vida

	como me cuesta el sosiego.
Peinado	Pardiez, Aldonza, que echastes vuestro ciego amor a censo en tan malas hipotecas que no heis de cobrar a tiento. Es caballero don Luis, y pagan los caballeros tan mal ya deudas de amores como deudas de dineros; pero, pues no os ha gozado, ¿qué hay perdido?
Aldonza	El sufrimiento, las esperanza, los sentidos, la vida, el alma, el seso. A doña Inés haré creer que es mi esposo.
Peinado	Mas, ¡qué presto sabe una mujer forjar cuatro docenas de enredos! Mas, pues vive aquí la dama que le quillotra, entrad dentro y obrad siquiera en pajas; que en Santa Cruz os espero.
Aldonza	Prevénme en ella, Peinado, si no le obligo, mi entierro.
Peinado	¡Qué de ellos mueren de amores, y qué pocos vemos muertos!

(Vanse. Salen don Luis y doña Inés llorando.)

Luis	Enjugad, mi bien, los ojos
sin negarme la luz de ellos,
que, pues son soles, no es bien
que lloren soles tan bellos.
Volvedme a mostrar sus niñas,
pues es niño Amor, juguemos,
que no es bien que se levanten
cuando por ellos me pierdo.
César mintió, ya lo sé,
que alabarse es argumento
de las mentiras, que sabe
fingir el pesar y celos.
¡Ea, no haya más, amores!
Inés	¿Cómo, si con vida veo,
don Luis, a un mentiroso
que mi honor y fama ha muerto?
¿Joya es de tan poca estima
la honra, que en detrimento
de su reputación noble
el término que la ha puesto
una lícita afición
había de pasar? ¡Qué presto
os creísteis don Luis!
Poco amáis y poco os debo.
Luis	Por la luz de aquesos ojos,
doña Inés, que no lo creo,
y que le desafié
solo por ese respeto,
y he de matarle esta tarde.
¡Ea, mi bien, acabemos!
¿Somos amigos?

Inés	No sé.
Luis	¿Quién lo sabe?
Inés	Lo que os quiero.
Luis	Dadme aquesa hermosa mano, honraré mis labios.

(Asómase al tablado Aldonza.)

Aldonza	Bueno, porque, celos, cierto veis dice el mundo que sois ciegos.

(Sale Aldonza.)

Aldonza	¡Ay de mí! ¡Y a las pajuelas! ¿Quieren trébole y poleo, pajuelas y zarzamoras?
Inés	¿Qué es esto?
Aldonza	¿Quieren poleo?
Inés	¿No hay zaguán en esta casa para que pregonéis eso sin entrar aquí?
Aldonza	¿Por qué entra, si sabe, en la igreja el perro? Porque halla la puerta abierta; pues ¿es mucho haber yo hecho

| | lo que un perro sabe hacer?
¿Quieren trébole y poleo? |

Inés

¡Ola! salíos allá fuera.

Aldonza

¡Ola! digo que no quiero,
que también sé yo olear
sin ser cura ni haber muertos.

Inés

¿Quién os mandó entrar aquí?

Aldonza

Naide, que no hay manamiento
de no entrarás en la casa
de tu prójimo. ¿Ah, mancebo?
Todos estamos acá.

Luis

¡Oh Aldonza! Pues ¿qué tenemos?

Aldonza

¿Qué sé yo? Pena de ver
que habléis con Costanza. ¡Puerros!
A ella digo. ¿No me compra
zarzamoras?

Inés

      ¡Qué molestos
que son siempre estos villanos!
Ya os digo que no las quiero.

Aldonza

Pues compradlas vos, buen hombre,
que zarzamoras os vendo,
porque amor en zarzas mora
y ansí tan picada vengo.

Luis

Aldonza, no seas pesada.

Inés	¿Conocéisla?
Luis	Mucho tiempo ha que la vi en Torrejón.
Aldonza	¿Mucho tiempo, caballero? Más ha que murió mi agüelo. Pero dejémonos de esto y compradme zarzamoras; que en mi tierra yo me acuerdo que andabais en busca de ellas, y entre las zarzas y enredos de promesas incumplidas y favores lisonjeros llegastes a coger una que el comerla por lo menos causó pena y costó gritos. Súpoos bien y amargóos luego.
Luis	¡Oh, qué bachillera estás!
Aldonza	Y vos sois un majadero, pues a la corte os venís por zarzamoras, sabiendo que aquí no las hay con flor que se les pierde en naciendo; y después de desfloradas andan a la flor del remo; mas como las zarzamoras que comistes en mi puebro la voluntad os mancharon, y vuestro gusto cumplieron, y para quitar las manchas de moras no hay tal remedio

	como buscar otras nuevas,
	querréis quitarle al deseo
	la mancha con esta verde.
	¡Huego en vos y en ella huego
	si os creyere como yo!
Inés	Jeroglíficos son éstos,
	don Luis, no de villana.
Luis (Aparte.)	(¡Qué esto sufro, vive el cielo!
	Loca, ella me enreda aquí,
	si la escucho y me detengo.
	Quiero ausentarme por ver
	si me sigue, que sospecho
	que el infierno la ha traído
	para fin de mi sosiego.)
	Mi padre me está esperando,
	yo volveré presto a veros;
	no creáis rusticidades
	de villanos.
Aldonza	Pagaréislo.
Luis	¡Villana, si no calláis!
(Vase don Luis.)	
Aldonza	¿Amenazas? ¡Lindo cuento!
	¡Hao! ¿no compráis zarzamoras?
Inés	Si como zarzas los celos
	despedazan las entrañas,
	zarzas están deshaciendo
	mi engañado corazón

	con espinas de tormentos.
	¿Qué enigmas son los que has dicho?
Aldonza	¿Soy yo tienda de barbero
	que de enigmas se compone?
	La verdad deciros quiero.
	Sabed que a una zarzamora
	picó este tordo en mi pueblo
	dándola antes de picarla
	palabra de casamiento.
	Si empalagado procura
	con promesas y embelecos
	picar en vos, ¡oje allá!
	zarzamora, tened seso,
	que tien ya este tordo torda
	y os quiere burlar aquesto.
	Basta, y ¡á las zarzamoras!
Inés	Escucha.
Aldonza	¿Quieren poleo?
(Vase.)	
Inés	¡Oh engañoso don Luis!
	De tu natural travieso
	y mudable condición
	no te esperaba sino esto.
	Aunque tanto te he querido
	no viene tarde el remedio;
	a César dejé por ti,
	desde hoy por César te dejo.
	Hoy daré satisfacción
	a mi venganza y sus celos

y a mi mudanza disculpa.
¡Ay hombres, plumas al viento!

(Vase doña Inés. Salen la Santa y Crespo, Mingo y Berrueco, pastores.)

Crespo   Madre Juana, esto ha de ser,
               que es amparo de Toledo.

Santa   Nada valgo y poco puedo.

Crespo   No hay que habrar. Ha de saber
                  que si Mari Crespa da
               en rezongas y en porfías,
               aunque habre veinte días
               arreo no callará
                  si todo el pueblo se junta
               y con cura y campanilla
               va en procesión a pedilla
               que calle un poco.

Mingo   Despunta
                  de habradora, y es gran mengua
               que una mujer habre tanto.

Crespo   ¡No la diera el cielo santo
               almorranas en la lengua!
                  Vine de la arada ayer
               cansado, si en ocasiones
               cansan tanto los terrones
               como hablando una mujer,
                  y dije: «¿Qué hay que cenar?».
               Dijo: «Olla». «No quiero olla
               —respondí—, si con cebolla
               la vaca podéis picar

y her un salpicón.» «No quiero
—respondió—, si que cenéis
olla.» «No me repriquéis
ni andemos al retortero,
crespa de la maldición»,
dije. Y dijo: «Heis de cenar
olla, no hay que porfiar».
«No ha de ser si salpicón»,
respondí. «Pues no hay sino olla.»
«Pues salpicón ha de ser.»
«Pues olla habéis de comer.»
Subióse el humo a la cholla
y levantando las haldas
del sayo, con un bastón,
haciéndola salpicón
los güesos en las espaldas,
   por más que anduvo la folla
sin decir: «Dios sea conmigo»,
daba gritos. «Olla digo,
olla quiero, no hay sino olla.»
   Y darle que le darás,
ella olla, yo salpicón,
hasta que quebré el bastón
y ella no pudo habrar más.
   Pero aunque no pudo habrar,
por salir con su interés,
arrastrando cuerpo y pies
se hué derecha al vasar,
   y aunque no podía gañir,
dijo después que se echó
entre las ollas que halló:
«Entre ollas he de morir.»
   Hice matarla una polla,
por vella tan mal parada

 y llevándosela asada,
dijo: «No ha de ser sino olla».
 Y tanto en su tema dura,
que habiendo el cura venido,
por decir: «Confisión pido
—le dijo—, Olla, señor cura».
 Ella queda, en fin, de suerte
que hoy se irá, a lo que me fundo,
por ollas al otro mundo
y a mí me piden su muerte,
 si no es por vos, madre Juana,
curádmela de tal modo
que, porque sane del todo,
la dejéis la lengua sana.

Santa   Crespo, el hombre que se casa,
a sufrir está obligado
los defectos de su estado
y las faltas de su casa.
 La cabeza no maltrata
ni menosprecia los pies;
curadla, y ved que no es
mala la mujer que trata
 bien su honor y le respeta,
y llevad con más amor
faltas que no son de honor;
que no hay cosa tan perfeta
 que alguna falta no tenga
en el mundo; regaladla,
hermano Crespo, y curadla,
porque a morirse no os venga.

Crespo   Si es la lengua cruel veneno
en la mujer, madre Juana,

    y éste con otro se sana,
    remedio para harto bueno
     por quitarla este quillotro
    que la hiciéramos comer
    la lengua de otra mujer,
    sanara un veneno al otro;
     mas, pues no hay tienda de lenguas
    y me puso esta cruz Dios,
    pedid que la sane, vos,
    que yo sofriré mis menguas.

(Sale Lillo.)

Lillo (Aparte.) (La madre Juana está aquí;
    con no poco temor llego.)

Santa ¡Oh, hermano Lillo!

Lillo   Don Diego,
    mi señor, que solo en ti
     puesta su esperanza tiene,
    aquesta carta te envía
    y para la enfermería,
    mientras que a verte no viene,
     un regalo y cien ducados
    de limosna.

Santa   Siempre da
    con largueza. ¿Cómo está?

Lillo Con infinitos cuidados
     en que don Luis le ha puesto.

Santa Algún mal le ha de venir

    notable por consentir
que viva tan descompuesto.
   Y el hermano, ¿no escarmienta,
en dos amos que ha tenido,
a quien tan mal ha servido?
¿No sabe que ha de dar cuenta
   delante el tribunal mismo
de Dios?

Lillo   Soy un mal cristiano
que, pecando en castellano,
he de dar cuenta en guarismo;
   pero yo juro la enmienda
si el perdón de Dios me alcanza.

Crespo   ¡Hao! ¿Ésta es la buena lanza
por quien nuestro honor y hacienda
   don Jorge habría destruido
a no morir?

Mingo   ¡Que se atreva
venir aquí!

Berrueco   Si no lleva
el castigo merecido,
   no somos hombres de bien.

Crespo   Uno trazo que no es malo.

Lillo   En el torno está el regalo
y los dineros también.

Santa   Vaya, pues, hermano, al torno,
y respuesta llevará.

Crespo	Y en volviendo por acá
le daremos el retorno
de las burlas que nos debe.
Santa	La salud pediré a Dios
de vuestra mujer, y a vos
os pido, si la ira os mueve
otra vez, que no deis muestras
de vuestra necia crueldad;
sus faltas disimulad,
pues ella sufre las vuestras.

(Vanse la Santa y Lillo.)

Crespo	Yo juro no hella más daño
por que más no nos inquiete;
y nos pague este alcagüete
lo de antaño y lo de hogaño,
un castigo le he de her
con que se acuerde de mí.
Una purga compré.
Mingo	¿Sí?
Crespo	Para dar a mi mujer,
que la recetó el dotor
y ella recibir no quiso.
Mingo	Hizo bien.
Berrueco	Eso la aviso.
Crespo	Hagamos que este hablador

	la tome, y purgue con ella
todas las bellaquerías
que quillotró en tantos días.
Berrueco	Bien decís.
Crespo	Pues vo por ella.
Mingo	Andad y buena pro le haga.
Crespo	En saliendo he de esperar,
que, pardiez, ha de purgar
las entrañas por de zaga.

(Vase Crespo. Sale Lillo.)

Lillo (Aparte.)	(Con la Santa he despachado
lindamente. Quiera Dios,
Lillo, que os escapéis vos
de este pueblo conjurado;
pero, aquí están; ¿qué he de hacer?)
Berrueco	¿Qué hay por acá, señor Lillo?
Lillo (Aparte.)	(Hay harto ungüento amarillo
si quieren llegar a oler.)
Mingo	¿No mos responde?
Lillo (Aparte.)	(No puedo,
que cierta prisa me avisa
que me vaya, y una prisa,
si es de tripas y con miedo,
no repara en cortesías.)

Berrueco   Pues hoy ha de reparar
                   en ellas a su pesar.

(Detiénenle.)

Lillo (Aparte.)   (¡Acerté, desdichas mías!)
                   Déjenme ir, que siento en mí
                   temerario desconcierto.

Mingo   No se ha de ir, aquesto es cierto.

Lillo   ¡Por Dios, que me vaya aquí
                   si no me dejan, señores!

Berrueco   Alléguese, socarrón;
                   agora sabrá quién son
                   de Cubas los labradores;
                      que no hay plazo que no llegue
                   ni deuda que no se pague.

Lillo   Ni mujer que no se estrague,
                   ni sarna que no se pegue...

(Sale Crespo con un vaso.)

Crespo   ¡Hao, par Dios, que viene entera!
                   Buena a mi mujer hallé,
                   y callando, que no hué
                   poco milagro.

Berrueco   Aquí espera
                   un amigo vuestro.

Crespo   ¿Es Lillo?
Beso a vuesarcé las manos.

Lillo   Líbreme Dios de villanos.

Crespo   ¿Qué tiene, que está amarillo?

Lillo   Corrimientos a traición.

Crespo   Deme ese pulso. ¡Oh qué malo!

Lillo   Mas ¿qué hay receta de palo?

Crespo   Tenéis grande opilación...

Lillo   ¿Yo?

Crespo   ...de socarronería.

Lillo   ¿Y querréis darme el acero?

Crespo   Al menos que purguéis quiero
toda esa bellaquería.
   Haceos la cruz y bebed,
que seis reales me costó.

Lillo   Veneno es; mi fin llegó.

Berrueco   ¿No bebéis?

Lillo   No tengo sed.
Beba vuesarcé primero;
que siempre fui bien crïado.

Crespo   Acabemos.

Lillo
                    Ya ha llegado
mi muerte; bebiendo muero.
    Castigos hay menos malos
sin que la muerte me deis;
riendas y azotes tenéis,
darme podéis dos mil palos;
    pero matarme; ¿por qué?

Crespo   Que no es veneno, traidor,
sino purga que el humor
os cure; yo la compré
    por seis reales con intento
de vuestro bien y quietud.

Lillo   Tal os dé Dios la salud
como es vuestro pensamiento.
    ¡Lástima de mí tened;
mirad que es cruel castigo
el darme veneno!

Crespo   Digo
que no es sino purga, oled.

Lillo   ¡Puf, qué de ruibarbo
echó el ladrón del boticario!

Berrueco   Acabad.

Lillo   Extraordinario
castigo el diablo inventó.
    Aún no ha entrado y ya me urga
las tripas.

Mingo   Beba.

Lillo   ¿Hay más graves
burlas? ¿Sin darme jarabes
quieren que tome la purga?

Mingo   Ea, que no es más de un trago.

Lillo   De mi muerte lo será;
mas, pues de cámaras va,
hoy de mi cámara os hago.

Crespo   Acabemos, o si no...

Lillo   Allá va. ¡Jesús, mil veces!

(Bebe.)

Mingo   ¿Embocólo?

Crespo   Hasta las heces.

Lillo   ¡Mal haya quien te guió
y la especie que te echaron!
Ea, ya podrán dejarme,
pues me obligan a purgarme
en salud; bien se vengaron.
¡Ay! Ya empieza el apretura;
váyanse, porque me voy.
¡Ay, ay, Dios, qué hinchado estoy!
¿No se van? Que de madura
se va cayendo esta fruta.

Crespo	Sosiéguese.
Lillo	¿Hay tal tormento?
Mingo	Empiece a contar un cuento.
Lillo	¿Qué cuento? ¡Pese a la puta que me parió!
Crespo	Buenos pagos nos da.
Lillo	¿Qué os he de pagar?
Crespo	La purga.
Lillo	Llegá a cobrar.
Crespo	¿De dónde?
Lillo	De los rezagos. ¡Ay, ay! ¡Señores, señores, pues que ya se han burlado harto, déjenme! ¡Ay!
Mingo	¿Está de parto?
Lillo	Sí, hermano, y con los dolores. ¿No basta ya la matraca?
Crespo	¿Es niño o niña?
Lillo	Será el diablo, pues sabe ya

	antes de nacer la caca. ¡Ay! ¿Mas que han de hacer que hieda la burla? ¡Ay, no hay que esperar!
(Vase Lillo.)	
Crespo	Un tarugo le he de echar y atalle por que no pueda her nada.
Berrueco	Acabad, dejalde.
Crespo	Venid, veréis lo que pasa. ¡Alcagüetes, alto, a casa, que yo os purgaré de balde!

Fin de la primera jornada

Jornada segunda

(Salen don Luis y Aldonza.)

Luis	Segunda vez me persigues?
Aldonza	Al Amor pongo por juez, que solamente una vez te amé porque me castigues; un amor, una memoria, un cuidado y un deseo es siempre el mío, y no veo una palabra, una gloria un favor, una esperanza, un regalo, una afición, pues en ninguna ocasión hallo en tu rigor mudanza. Castiga, pues, mi porfía pues tu rigor la condena, que por librarme de pena quiero hacer tu culpa mía.
Luis	¿Qué te debo yo?
Aldonza	No sé.
Luis	Pues ¿qué me pides?
Aldonza	Amor.
Luis	¿Sin deberle?
Aldonza	No, señor.

Luis	Luego ¿debo?
Aldonza	Sí, a mi fe.
Luis	La fe sin obras es muerta. Mal fundada deuda cobras.
Aldonza	Si en mi fe faltaron obras fue por tu culpa, que es cierta.
Luis	Bien sé yo que en Torrejón, patria tuya, heredad mía, como de burlas tenía y te mostraba afición; porque el Amor desterrado del interés, de Madrid, se fue con discreto ardid al campo en que fue crïado, y jugando mano a mano con los dos junto a una fuente, sentí un ligero acidente, que, gloria a Dios, ya está sano. Cumplió su destierro Amor, y, al fin, se ha vuelto a la corte a pretensión que me importe de más gusto y más valor. No puedes llamarme ingrato siendo aquel amor un juego, pues si gané, te di luego mil requiebros de barato.
Aldonza	No da en barato el avaro amando de cumplimiento palabra de casamiento,

que así lo barato es caro;
   mas como a todas le das
y sé que juegas agora,
vine a ver a esa señora,
y así si me dieses más.
   Pero, pues me has despedido
cuando tan humilde llego,
entenderé que en el juego
con esa dama has perdido,
   y más habiéndome dado
ella de barato un gusto,
que es despreciar como es justo
al que a mí me ha despreciado,
   pues dio palabra el Amor
de castigar el mal trato
de cualquier amante ingrato
con otro competidor.
   Doña Inés y el interés
me vengan de tu inconstancia,
que en ella, por su ganancia,
es ya su amor ginovés.
   César, traidor, te usurpó
la dama que juzgas fiel,
que es César, y como él,
al fin vino, vio y venció.
   ¡En buen cuidado te he puesto!

Luis   Solos estamos los dos,
y a los celos, como a Dios,
se les da la fe muy presto.
   Dime lo que en eso sabes,
no aumentes más mis enojos,
que en la boca y en los ojos
no sufre la mujer llaves.

>   Volverte a amar te prometo
> si aquesto vengo a saber.
> Di, pues paga una mujer
> a quien la escucha un secreto.

Aldonza   Es verdad; pero no en mí,
> que el saberlo me costó
> mil penas.

Luis   Páguelo yo
> con tu amor.

Aldonza   ¿Querrásme?

Luis   Sí.

Aldonza   Aunque tu dureza es tal,
> con nueva esperanza llego,
> pues los golpes sacan fuego
> del más duro pedernal.
>   Digo, pues, escucha.

Luis   Di.

Aldonza   Que vine a entrar donde estaba
> tu dama.

Luis   Ya lo sé; acaba.

Aldonza   ¿Consientes el nombre?

Luis   Sí.

Aldonza   Luego ¿es tu dama?

Luis	¿Pues no?
Aldonza	¡Y a mí que me paren duelos!
Luis	¡Oh! Pues, ¿si repican celos?
Aldonza	¡Oh! Pues, si no he de ser yo tu dama, cuéntelo ella.
Luis	Vuelve, espera, que tú eres entre todas las mujeres.
Aldonza	¿Tu esposa?
Luis	Mi prenda bella.
Aldonza	Esta dama de ajedrez, pues se queda con el nombre, y sin el dueño, aunque es hombre, que la pagará otra vez.
Luis	No haré tal si me ha ofendido.

Aldonza	Pues no ha ofendido en verdad,
	que si muestra voluntad
	es el señor su marido;
	  que en saliendo de la calle
	tu persona amartelada,
	entró tentando la espada
	otro de tan lindo talle;
	  y apenas tocó en la reja,
	cuando la buena señora,
	porque esperaba la hora,

puesta a sus hierros la oreja,
   le respondió y ordenó
un diálogo que llamas
duo de galanes y damas,
cual le tengamos tú y yo.
   «Alma, vida, corazón,
quiero, estimo, adoro, amo,
busco, pido, sigo, llamo;
ventura, tiempo, ocasión;
   fe, lealtad, constancia, gloria;
obras, palabras, deseos»,
y otros gustos y trofeos,
reliquias de su victoria.

Luis   ¡Ay de mí!

Aldonza   Mucho más hay
en su venturosa suerte;
pídele, pues, a la muerte,
si tienes celos, un ay,
   que aquesta noche los dos
tienen, cruel, de gozarse,
y esotro día casarse
con la bendición de Dios.

Luis   Basta, calla, que aunque veo
mi desengaño en tu hablar,
la lengua te he de cortar,
que puedo más que Tereo.
   Ni me hables ni veas jamás;
vete.

Aldonza   Harélo; aunque me pesa,
pues el ave que está presa

                         por librarse se ata más.

(Vase.)

Luis   ¡Oh, tiempo riguroso! ¡Oh, noche aleve
                         encubridora del amor tirano!
                         ¡Oh, quién al ángel que a los cielos mueve
                         pudiera detener la diestra mano!
                         ¡Oh, quién al día, cuyo curso breve
                         la sucesora noche sigue en vano,
                         le pudiera aumentar mil horas largas,
                         por más que á mi temor fueran amargas!
                            Extranjero, ladrón, rico dichoso,
                         metal de estima lejos de su origen,
                         río a larga corriente caudaloso,
                         pues ondas tuyas mi chalupa afligen,
                         dinero con mujeres poderoso,
                         cuyas arenadas letras vencen, rigen,
                         atropellan, subliman, sueltan, prenden,
                         dan, quitan, menosprecian y defienden;
                            atrevido, cobarde, avaro, franco,
                         maná que a todo sabes, ¿qué me quieres?
                         Dinero en reales blancos cuyo blanco
                         es al que miran hombres y mujeres,
                         si estás como en galera puesto en banco,
                         ¿por qué me haces remar? ¿por qué prefieres
                         a mi amor el de César extranjero?
                         Mas ¿quién es natural como el dinero?

(Salen don Diego, leyendo una carta, y Lillo.)

Diego   Beso mil veces la amorosa firma
                         de aquella mano venerable y santa
                         cuya memoria tierna me confirma

	el bien que espero y mi temor espanta.
	«Juana» no más por humildad se firma,
	que es cifra Juana y la abundancia es tanta
	de gracia en Juana, que a su letra vista
	la puede acreditar San Juan Bautista.
Luis	Mi padre viene y por su edad anciana,
	contrario a mi deseo y verdes años,
	favores busca de la Santa Juana;
	no sé si diga en mi opinión engaños.
	¡Ay de mí triste! Que a su tiempo vana
	produce mi esperanza tantos daños.
Lillo	¡Y ay de mí! Que he purgado en pie y vestido
	en verso suelto el alma y el sentido.
Diego	¿Quién da voces, que en ellas me parece
	mi caro don Luis?
Luis	Yo soy, que siento
	de mi fortuna que en desdichas crece
	la fuerza que ha de hacer mi fin violento.
	Muero rabiando, que morir merece
	en tierna edad un loco pensamiento;
	rabiando, pues jamás tendrá ventura
	para gozar del gusto que procura.
Diego	Querido hijo, imagen de mi alma;
	calor de mi vejez helada y fría;
	de mis trabajos merecida palma,
	siempre verde laurel, corona mía,
	cuando parece que en serena calma
	navega mi esperanza en quieto día,
	se me oscurece el cielo porque sienta

cifrada en ese rostro mi tormenta.
   De mis hijos, Luis, fuiste el postrero;
tomó la muerte en los demás venganza,
quedaste solo, y como tal te quiero,
por no tener de otros esperanza.
Cuando tu atrevimiento considero
como eres tú mi ser y semejanza,
si quiero castigarte, al punto digo,
no dice bien amor con el castigo.
   Luis, ¿qué tienes? ¿quién te da disgusto?
No solo al corazón, al rostro llega.

(Abrázale.) ¿Hate faltado en ocasión de gusto
Fortuna aleve, que es mudable y ciega?
Gasta mi hacienda, tu deleite es justo,
inventa galas, enamora, juega,
mi amor conoces, mi escritorio sabes,
saca dineros, ves aquí las llaves;
   mas —¡ay de mí!— que en esta carta leo
otras razones de mayor estado.
La santa Juana culpa mi deseo
dándome de tu bien mayor cuidado;
su aviso santo y su prudencia creo,
que no suele gozarse mal logrado
el hijo libre, si en edad tan tierna
su padre no le enseña y le gobierna.
   Una cuenta santísima me envía
porque en el nombre de tan alta cuenta
me acuerde que he de darla cada día
de esa tu edad y libertad violenta.
Ea, pues, hijo, cara prenda mía,
como pasados tus descuidos cuenta
y vive de manera que tu vida
no la dejen los vicios mal perdida.

Luis
¡Oh, mal haya mi vida, pues en ella,
cuando yo rabio tu sermón escucho!
Quien dio de corta edad larga querella,
de el mundo y de su ley no sabe mucho.
¿Tan vicioso soy yo? ¿Tan mala estrella
me precipita? Con tus quejas lucho,
y pienso yo cuando me miro y veo
que aquesa monja me pintó más feo.
　　¿Qué cosa hay en el mundo tan cumplida
que no llegue a tener alguna falta?
El Sol hermoso, padre de la vida,
con un eclipse se oscurece y falta;
el diamante, en firmeza no vencida
que con sus rayos los del Sol esmalta,
no está de faltas y malicia ajeno,
porque, deshecho, sirve de beleno.
　　La tierra, el agua, el aire, es bueno y malo,
y ya sirve tal vez un elemento
de gusto, y da al manjar vida y regalo
y tal vez de castigo y de tormento.
Humano soy, por ocrlo los Igualo,
a uno tendré quejoso, a otro contento;
soy bueno y malo, ajeno de artificio,
tendré alguna virtud como algún vicio.
　　No mida más la monja por su gusto
los de mi edad, que puede ser que sea
de esta mi injusta vida el fin tan justo
que ella le envidie cuando en mí le vea;
y si no se pretende mi disgusto,
ni se reciba cuenta ni se lea
carta de Santa Juana, que es lisonja
llamarla santa cuando sobra monja.

Diego
Ya te debo responder

a dos cosas. La primera,
don Luis, porque quisiera
que mudases parecer,
   es en la estima y respeto
de Santa Juana, a quien yo
por ver que le mereció,
guardarle siempre prometo;
   porque si Naamar me avisa
que tanto estima y respeta
la santidad de un profeta
y aquella tierra que pisa,
   que lleva a su patria de ella
por reliquia soberana,
yo estimo a mi Santa Juana
su tierra y sombra por ella.
   Ninguna disculpa salva
a quien culpa un religioso,
que suele vengar un oso
el murmurar de una calva;
   cuanto y más que si recibes
por su oración y virtud
los consejos, la salud
y hasta la vida que vives,
   no la debes murmurar,
porque parecen tiranos
contra José sus hermanos,
pues él les lleva el manjar
   y ellos le venden a él;
pasión de envidia inhumana,
y sustenta Santa Juana
a quien le vende cruel.

Lillo

   ¡Que tantas letras alcance
y las historias que escucho

      un viejo! Pero ¿qué mucho,
      si hay sermones en romance?

Diego   La segunda cosa es
      que, respetando su nombre,
      agora vivas como hombre
      y como santo después;
       que si yo te di el consejo,
      no fue por darte pesar,
      sino que quise pagar
      la deuda de padre y viejo.

(Hablan entretanto padre e hijo.)

Lillo   Agora llega mi vez,
      y convertido en dotor.
      si quieres santir, señor,
      y dar alegre vejez
       a tu padre, está en mis manos
      su salud y vida. Espera.
      Récipe: una purga entera
      de Cubas y sus villanos,
       y verás que en pocos días,
      como yo, si a esto te atreves,
      serás un santo si bebes
      purga de bellaquerías
       sin quedar una no más,
      porque hice mil seguidillas,
      más que la cera amarillas,
      y fui poeta por detrás.

Luis   Padre mío, estoy de suerte
      que no me puedo alegrar,
      y pienso que has de llorar

	por culpa tuya mi muerte si no me haces un favor y me cumples un deseo.
Diego	Dile, hijo, que no creo que te le niegue mi amor.
Luis	César me importa que esté por esta noche en prisión.
Diego	Pues, ¿cómo o por qué razón?
Luis (Aparte.)	(Buena es la que imaginé.) Por las cuchilladas que hoy tuvo conmigo a mi puerta.
Diego	Poca razón, aunque cierta. A darle noticia voy a un alcalde amigo mío, que, sin mostrar que es hacer mi causa, le hará prender de justicia.
Luis	Yo confío de tu amor y diligencia que me ha de dar este gusto.
Diego	Vence, aunque no fuera justo, el autor a la conciencia. Yo voy.
Luis	Vamos, Lillo, pues.
Lillo	Pienso que tu mal gobierno

nos va llevando al infierno
como recua a todos tres.

(Vanse. Salen María, monja, y la Santa.)

María

    Doña Ana Manrique está,
madre, de un mortal dolor
de costado cual dirá
esta carta, y con temor

(Dásela.)
yo de que está muerta ya.
    Fue de don Jorge mujer,
y por lo que a los dos debo,
madre, llego a interceder
por ella. A mucho me atrevo
pero por mí lo ha deshacer.
    Escríbele, madre mía,
que ruegue por ella a Dios
que es hoy el séptimo día,
y a mí, por ver que las dos
nos hacemos compañía.
    También me escribe le acuerde
esto mismo, madre Juana.
Duélase de la edad verde
de su devota doña Ana
que aprisa la vida pierde.

Santa

    Siempre doña Ana Manrique
con obras y devoción
me ha obligado a que publique
su valor y mi afición
le muestre y le signifique;
    y así yo tendré el cuidado
que a su mucho amor le debo,
y Dios será importunado

            de mí, pues siempre me atrevo
            a su llaga de el costado
               en cuya fuente divina
            la experiencia y la esperanza
            salud y vida imagina,
            que aun al dueño de su lanza
            le sirvió de medicina.
               En su costado pondré
            el dolor que en él padece
            doña Ana, y Jesús le dé
            la salud que ella merece,
            si no por mí, por su fe;
               que fue mi perseguidor
            don Jorge, y por su persona
            la debo tener amor,
            pues me labró la corona
            de tanto precio y valor.

María   ¡Ay madre del alma mía!
            Que renueva la memoria
            que de él tengo cada día.
            ¿Si está don Jorge en la gloria,
            cómo de Dios se confía?
               Si por ventura padece
            en purgatorio por mí,
            ¿qué más la causa merece
            que en este mundo le di?

Santa   Dios es quien le favorece.
               Vaya y tráigame recado
            de escribir; responderé
            a la carta que me ha dado.

María   Favor debido a la fe

                    que doña Ana la ha mostrado.

(Vase sor María.)

Santa   Sabe Dios cuánto deseo,
                    como la madre María,
                    saber el dichoso empleo
                    de don Jorge desde el día
                    que murió, que aunque sé y creo
                       que Dios a mi instancia y ruego
                    le perdonó, y es notorio
                    que ha de gozar su sosiego,
                    no sé si en el purgatorio
                    aún da materia a su fuego.

(Aparécese un toro, al parecer de bronce, echando llamas.)

                    Regalado Esposo mío,
                    soy, como mujer, curiosa
                    de saber. Ruego y porfío
                    que fue el alma venturosa
                    de don Jorge; en Vos confío.

(Sacan el toro echando fuego.)

                    Pero ¿qué monstruo de fuego
                    de otro Fálaris tirano,
                    cielos, turba mi sosiego?
                    Laurel, Ángel soberano,
                    que os dejéis ver, pido y ruego.

(Sale el Ángel por arriba, después don Jorge.)

Ángel   ¿Cuándo fue el enamorado

           de la dama que pretende,
           si llamado importunado,
           pues que viene y condeciende
           luego, a su amor y cuidado?
              Aunque yo no he merecido,
           Juana mía, el ser tu amante,
           Dios es por quien he venido,
           y en tu amoroso semblante
           su paje de guarda he sido.

Santa   Con la quietud y reposo,
           Ángel mío, que estáis vos,
           sereno el rostro y hermoso,
           bien dice que veis a Dios
           y que le gozáis glorioso.

(Ábrese por un costado el toro y esté dentro Don Jorge.)

              ¡Ay mi Laurel!

Ángel   Muestra aliento;
           mira a don Jorge en sus penas.

Jorge   Vuelve, Juana, el pensamiento,
           que en penas de penas llenas
           excedo al rico avariento;
              mas, por lo mucho que alcanza
           tu oración, de los favores
           de Dios espero bonanza,
           que entre las llamas mayores
           es céfiro la esperanza.
              En el purgatorio estoy
           por tu favor y merced;
           pues de mí te acuerdas hoy

>   y es tan terrible mi sed,
> piadosas voces te doy
>   Madre Juana, la ocasión
> tienes de pagar agravios
> con piadoso galardón;
> recrea mis secos labios
> con agua de tu oracion.

(Encúbrese.)

Santa
>   Alma pacífica, en medio
> de tantas penas espera,
> que yo por darte remedio
> estas penas padeciera.
> ¡Si hallar pudiera algún medio!

(Baja el Ángel.)

Ángel
>   Basta el deseo que tienes
> para que a don Jorge valga
> la ayuda que le previenes;
> por ti querrá Dios que salga
> a gozar, Juana, sus bienes.

Santa
>   ¡Qué bien conoces quién es
> el dueño de aquesa gloria!
> Eres nube de sus pies;
> por mí no encubrió la historia
> de sus ángeles Moisés;
>   mas antes que tu hermosura
> me deje triste y se parta,
> la salud que aquí procura
> doña Ana en aquesta carta,
> Laurel divino, asegura.

Ángel	¿Quisieras tú que yo fuera y que a doña Ana Manrique, salud en su nombre diera, por que de tu amor publique honra y fama verdadera?
Santa	Por mí no; mas por la gloria que ha de resultarle a Dios de aquesta hazaña notoria.
Ángel	Vamos a verla los dos; será tuya esa vitoria.
Santa	Ángel mío, dadme luego vuestras alas y favor.

(Sale María con tinta y papel.)

María	Madre Juana, tarde llego,
	si hay tardanza en el amor;
	escriba a Madrid la ruego;
	   mas iay de mí! que la veo
	penetrando el aire puro.
	Goce yo de ese trofeo.
	Alguna prenda procuro
	cual de Elías a Eliseo.
	   Arroje siquiera el velo,
	si Elías arrojó el manto.

Santa	Hermana, tenga consuelo, no soy digna, ni levanto por tanto tiempo mi vuelo; yo volveré a verla luego,

que voy a ver a doña Ana.

(Desaparece.)

María   Sin vos no tendré sosiego.
           Yo voy a contarlo, Juana,
           con doce lenguas de fuego.

(Vase. Salen Lillo y don Luis, como de noche.)

Lillo   Si va a decir la verdad,
           cosa que no suelo hacer,
           yo no acabo de entender
           tu enredada voluntad.

Luis   ¿Qué dudas? Pregunta.

Lillo   Escucha.
           Cuando hablé a la madre Juana,
           en la cual, con ser humana,
           la divinidad es mucha,
              me dijo un largo sermón
           que te dijese y no digo,
           porque pienso que contigo
           pudiera más un salmón;
              y al fin cifró sus consejos
           con que el hombre es vidrio en todo;
           quiébranse del mesmo modo
           los vasos nuevos y viejos.
              No es el concepto muy grave
           a quien no le entiende bien.

Luis   Yo sí entiendo.

Lillo	Y también
	un tabernero lo sabe.
	  Volví a Madrid con respuesta
	esta tarde, en ocasión
	que tratabas de prisión
	de César. La duda es ésta:
	  ¿para qué has hecho prender
	este genovés, que ha dado
	sospechas de que ha quebrado,
	y a quién has venido a ver?

Luis	¿Dudas más?
Lillo	¿No son tres dudas el por qué, cómo y a quién, y por ser hombre de bien, por dudas, no se ahorcó Judas?
Luis	¿Prendieron a César?
Lillo	Sí; que apenas llegó, un soplón a un alguacil motilón, no de los graves de aquí.
Luis	¿Qué es motilón?
Lillo	Alguacil de la villa. ¿Esto no sabes?
Luis	Pues ¿quién son esotros graves?
Lillo	En criminal y en civil los alguaciles de corte

                    son como más estimados
                    .... [-ados]
                    .... [-orte]
                       los de córte, si los pones
                    en danza los más honrados,
                    maestros y presentados
                    y esos son los motilones.
                       Embolsáronle en la red;
                    que una vara pesca ya
                    ginoveses.

Luis   Porque está
                    preso te he de hacer merced
                        de un vestido.

Lillo   Tal que pueda
                    parecer tu mayordomo.
                    Fácil es hacerle.

Luis   ¿Cómo?

Lillo   De tus marañas de seda.

Luis   Respondiendo a tu pregunta,
                    digo que él tiene una dama
                    hermosa y de mucha fama.

Lillo   Ésa es mucha gracia junta;
                        pero pregunto, ¿héisla visto
                    por la mañana en ayunas?

Luis   ¿Por qué?

Lillo   Porque sé de algunas

>   que, antes de tomar el pisto,
>   la unción, el ajo, el betún,
>   el no sé cómo le llame,
>   tienen una cara infame
>   y un frontispicio común;
>   y después de preparado
>   de el rostro, alguna mujer
>   tiene mejor parecer
>   que puede dar un letrado.

Luis Basta decir que es muy bella.

Lillo No basta.

Luis Pues ¿por qué no?

Lillo Quiero contestarme yo,
si tengo de hablar con ella.

Luis Pues por gozar de esta dama
que pretendo y solicito,
al ginovés se la quito,
por más que le quiere y ama,
    porque esta noche tenía
aplazado el primer bien.

Lillo Luego, ¿es doncella también?

Luis Doncella, por vida mía.

Lillo Las doncellas de por vida
se han dado agora en mudar
en doncellas al quitar.

Luis	Es doncella y bien nacida.
Lillo	¿Así que nació doncella? Esó aún se puede creer de tan honrada mujer por tu respeto y por ella.
Luis	Yo vengo, en fin, a gozar esta cesárea afición.

Lillo	Tú vienes a ser ladrón;
	Amor te ha de disculpar.
	   Dijo un buen entendimiento,
	por cortesano lenguaje,
	que la ocasión tiene un paje
	llamado arrepentimiento;
	   porque es forzosa razón
	que se duela y se arrepienta
	cualquier persona que sienta
	que se pasó la ocasión;
	   y tú, que en aqueste ensayo
	nadie quieres que te ultraje,
	por excusar aquel paje
	vienes con este lacayo.

Luis	Calla, que ya en la ventana hacen señal.
Lillo	Pues espera, que si ella te conociera fuera tu esperanza vana. Déjame. Llegaré yo, y creerá que soy crïado de César.

Luis   Bien has pensado.

(Sale a la ventana doña Inés.)

Lillo   ¿He de llegar?

Luis   ¿Por qué no?

Inés   ¡Ce!

Lillo   De.

Inés   ¿Sois vos?

Lillo   ¿Eres tú?

Inés   ¿Es César?

Lillo   Y caballero
con seis letras de dinero
bien venido del Pirú.

Luis   ¿Qué dices?

Lillo   Aún no me ha oído.

Luis   Habla como su crïado
y no como él.

Lillo   Yo he pecado;
que pude ser conocido.

Inés   ¿Quién es?

Lillo   Soy un servidor
         o orinal de César, que
         viene con él, y llegué
         por él hablarla. ¿Señor?

Inés   No me hables que le está mal
         a mi honor. Entra, que es hora.

Lillo   Ya llega César, señora,
         como un reloj puntüal,
            como un reloj concertado,
         como un reloj cuidadoso,
         como un reloj dadivoso
         y como un reloj armado.

Luis   ¡Mi bien!

Inés   Entrad, gloria mía;
         gozad, César, la ocasión.

(Vanse.)

Lillo   Si es César o Cicerón
         allá lo veréis de día.
            Pero ¡por Dios, que he quedado
         a la Luna de Valencia!
         El no entrar fue impertinencia,
         lacayo soy serenado.
            Bien me pudiera yo ir
         a acostar, porque mi amo
         no puede, si yo le llamo,
         socorrerme ni acudir.
            No me acuerdo que haya santo

                    abogado contra el miedo.
                    El mejor santo es san Credo
                    y si alguien viene san Canto.

(Sale don Diego y habla cada una de por sí.)

Diego   Preso está César, y temo
                    alguna gran travesura
                    de Luis, que es quien procura
                    que esté preso.

Lillo   Por extremo
                    tiemblo.

Diego   He venido a rondar
                    esta calle, por si acaso
                    le hallo.

Lillo   Ya siento un paso;
                    Judas debe de pasar.

Diego   La casa de doña Inés
                    pienso que es aquélla; sí.

Lillo   Un bulto negro está allí,
                    Mauregato pienso que es.
                       Voyme, que es descortesía
                    defenderle yo la puerta.

Diego   Pues él se va, cosa es cierta
                    que no es su casa. Querría
                       saber quién es. ¡Hola, hidalgo!

Lillo   No soy hidalgo.

Diego   ¿Galán?

Lillo   No soy galán.

Diego   ¿Sacristán?

Lillo   No soy sacristán.

Diego   ¿Sois algo?

Lillo   No soy nada; que es mejor
no ser nada en paz que mucho
en guerra.

Diego   Escuchad.

Lillo   Escucho.

Diego   ¿Es Lillo?

Lillo   Yo soy, señor;
y si no supiera yo
que es mi amo quien me humilla,
triunfara con la espadilla
que muchas bazas ganó.

Diego   ¿Dónde está Luis?

Lillo   No sé.

Diego   Pues, ¿no está aquí?

Lillo   Sí, estará.

Diego	Luego, ¿sabes dónde está?
Lillo	No sé yo si estará en pie, sentado, acostado o cómo; porque el amor y Mahoma permiten que duerma y coma sin decirnos duermo y como.

Diego	No sé si entraré; no es justo
	darle pesadumbre en eso;
	pues su contrario está preso,
	huélguese, siga su gusto.
	  ¡Ay, Amor, qué mal cumplís,
	las leyes de vuestro honor!
	Mas soy padre, tengo amor,
	y no más que a don Luis.
	  Huélguese, que aunque no es justo
	haberle en esto ayudado,
	más quiero verme culpado
	que verle a él con disgusto.
	  Quedaos Lillo.

(Vase.)

Lillo	¡Oh, padre tierno, amoroso y tan sufrido que, de amor desvanecido, llevas tu hijo al infierno!

(Sale don Luis.)

Luis	¡Oh, mal haya!

Lillo   ¿Ya lo escupes?
                     ¿Tan malo es el bodegón?

Luis   En gozando la ocasión
                     nunca más la calle ocupes.

(Sale César.)

César   El alcaide, aficionado
                     de mi dinero y de mí,
                     me da licencia que salga
                     por esta noche a dormir
                     a mi casa.

Luis   Gente suena.

Lillo   Si suena será nariz.
                     ¿Si es tu padre?

Luis   Sea quien fuere,
                     vámonos, Lillo, de aquí.

(Vanse don Luis y Lillo. Sale a la ventana doña Inés.)

Inés   Ya perdido el primer sueño
                     será imposible dormir,
                     y así quiero ver si César
                     se fue ya. ¿No es aquél? Sí.
                     César, mi bien...

César   Inés mía,
                     dichoso he sido en venir
                     a tal punto, pues mi amor
                     a la reja recebís.

	No sabéis como estoy preso
	por un señor alguacil,
	que es como necesidad
	con cara de hereje al fin.
	Prendióme por causa leve,
	que apenas llegué a reñir,
	sino a mostrar de mi espada
	el toledano buril.
Inés	¿Cómo no me lo habéis dicho
	hasta aquí?
César	Porque no os vi
	hasta agora.
Inés	¿Cómo es eso?
	César mío, ¿qué decís?
César	Digo, mi bien, que estoy preso,
	y por dineros salí
	esta noche de la cárcel,
	y mi amor vengo a cumplir.
	Mandad, señora, a una esclava
	de quien fïando os servís,
	que, porque espero a la puerta,
	venga más de prisa a abrir.
Inés	¿Qué decís, César?
César	¿Qué digo?
	¿Qué confusión hay aquí
	de lenguas? Nunca yo os dije
	cosas de amor en latín.
	Mandadme abrir; no os burléis.

Inés
: Si vos no os burláis de mí,
no os entiendo.

César
: ¿Cómo no?

Inés
: Pues ¿agora no salís?

César
: Sí, señora, de la cárcel.

Inés
: No, sino de mi jardín,
donde, en amorosos lazos,
palabra de esposa os di;
donde, con atrevimiento
más que fuera justo en mí,
Venus matizó las rosas
de mi mal logrado abril.

César
: ¿Qué es lo que decís, Inés?
Yo no soy, porque no fui
el venturoso ladrón,
abeja de ese jazmín,
Otro Paris ha gozado
lo que a mí me atribuís,
que no guarda más sus frutos
el paraíso de Madrid.

Inés
: Ya, cortesano extranjero
y desatino gentil,
te entiendo; ya sé que niegas
las prendas que yo te di.
No es este lugar de quejas
ni he de dar voces aquí;
mujer soy, si me injuriaste

                        yo me vengaré de ti.

(Vase doña Inés.)

César   Escucha, engañada hermosa;
                mira si fue don Luis
                el ladrón del dulce sueño
                que ha tenido tan mal fin.
                Él es, sin duda ninguna.
                ¡Plegue a Dios, si fuese ansí,
                que marchite y seque el tiempo
                la verde edad de mi abril!
                ¡Plegue a Dios no vuelva
                a Italia sin padecer y sentir,
                tormentas donde me anegue
                sin darme ayuda el delfín!
                ¡Plegue a Dios que Dios me falte
                si no me vengare en ti
                o matándote o muriendo,
                pues es vengarse el morir!

(Vase. Sale la Santa sola.)

Santa   ¿No sabremos, cuerpo bajo,
                qué cansancio o aflicción
                os da pena? Mas no son
                ruines para el trabajo.
                   ¿Diréis que andáis todo el día,
                lo que el coro da lugar,
                ocupado, ya en curar
                monjas en la enfermería,
                   ya en los ejercicios santos
                del fregar y del barrer,
                ya en ir al horno a cocer

el pan para pobres tantos,
   ya en llevar de la obediencia
el yugo, y querréis decir
que ya no podéis sufrir
tanto ayuno y penitencia,
   que os dé descanso de hoy más?
¿Y parecerá muy bien
que, cual los hijos de Efrén,
volváis la cabeza atrás,
   cuando la victoria espera
el premio que merecéis,
y que cansado os paréis
en mitad de la carrera?
   No, cuerpo, hasta la vitoria,
si la queréis alcanzar,
todo ha de ser pelear,
que al fin se canta la gloria.
   Quien quiere tener caudal
cuando el alma se despida
en el día de la vida
ha de ganar el jornal
   que en la noche de la muerte,
como el jornalero, cobra;
que no ha de alzar de la obra
hasta la noche el que es fuerte.
   Caminad, que se apresura
la noche, y si tenéis cuenta,
a vista estáis de la venta,
si es venta la sepultura;
   si viene el cansancio,
echalde, y anímeos el interés
por que no os digan después
que tomáis el pan de balde.

(Salen la Virgen, nuestra señora, y el niño Jesús, el Ángel y otro Ángel arriba. Toquen chirimías.)

Virgen   ¡Juana!

Santa   Virgen amorosa,
      Luna, Sol, palma en cadés,
      plátano, cedro, ciprés,
      lirio, clavellina, rosa.

Jesús   ¡Dulce esposa!

Santa   Eterno amante,
      David, Salomón, Asuero,
      hombre Dios, león, cordero,
      pastor, Rey, niño, gigante,
       siempre he de subir a veros,
      amor, con santa ventaja.

Jesús   Ansí ensalzo al que se abaja.

Santa   Amores son verdaderos.

Jesús   ¿Qué haces?

Santa   Reprender,
      mi Dios, un cuerpo holgazán
      que, comiendo vuestro pan,
      la carga deja caer
       que la religión encierra;
      pero como fue formado
      de tierra y está cansado,
      no hay quien le alce de la tierra.

Virgen	¿Quiéreste, Juana, venir con nosotros?
Santa	Si ha de ser el ir para no volver, no tengo que prevenir; todo, reina soberana, está a punto; vamos luego.
Jesús	A mi celestial sosiego irás brevemente, Juana; ruegos de tus monjas son los que hasta aquí han impedido tu muerte.
Santa	Tu amor ha sido, mi Dios, larga dilación de este destierro pesado; y siendo, Señor, ansí, con David diré: «¡Ay de mí, que me le habéis prolongado!». Pero, amores, ¿dónde bueno vais, que así me convidáis?
Jesús	A recrearte.
Santa	Bien dais, amoroso nazareno, muestras que es vuestro blasón el amor que aquí os envía.
Jesús	Ven.
Santa	En vuestra compañía

           todo será recreación.
     Dejadme, mi Dios, besar
estos soberanos pies,
porque a los vuestros después,
Virgen, me pueda postrar.

Jesús   ¡Ay prenda cara, y qué de ello
te quiero!

Santa   ¡Qué tal escucho!
¡Ay mi Dios!

Jesús   ¿Quiéresme mucho?

Santa   Mucho.

Jesús   ¿Cuánto?

Santa   Tanto de ello.

Jesús   Pídeme mercedes.

Santa   Pido
dos cosas no más, mi Dios;
mas siendo tan largo Vos
corta en el pedir he sido.
     Un muerto y un vivo son
los que por intercesora
me han puesto, y de Vos agora
tienen de alcanzar perdón.
     El alma, Esposo divino,
de don Jorge está penando
y entre llamas apurando,
como metal rico y fino,

             los quilates de aquel oro
          que en vuestra mesa ha de estar;
          yo le vi, Señor, penar
          dentro de un ardiente toro,
             con un tormento excesivo;
          alcance yo de estos pies
          que esté ya libre.

Jesús   ¿Quién es
          el segundo?

Santa   Un muerto vivo;
             muerto en vicios vino al mundo.
          Es, mi Jesús, don Luis,
          y si Vos le reducís
          tendréis un Saulo segundo.

Jesús   Hijo que desobedece
          a su padre, Juana mía,
          y en sus pecados porfía
          obstinado, no merece
             mi perdón.

Santa   Sí, sí, mi Dios,
          que es mi devoto su padre;
          pues sois su divina Madre,
          Virgen, pedídselo vos.

Virgen   Hijo, a cosa que os suplica
          Juana, no digáis de no.

Jesús   Madre, no sea; cesó
          mi enojo.

Santa	Ya quedo rica.
Jesús	Yo haré que, cual otro Saulo, si a la virtud hace guerra, caiga don Luis en tierra y imite después a Paulo.
Santa	¿Y de don Jorge, Señor?
Jesús	Por ti, Juana, le perdono.
Santa	Vuestro eterno amor pregono.
Jesús	Hoy a mi eterno favor subirá.
Santa	¿Qué, por los dos tal favor se me concede?
Virgen	Sí, que todo aquesto puede Juana de la Cruz con Dios.

(Toquen chirimías, y vanse todos.)

Fin de la segunda jornada

Jornada tercera

(Salen don Diego, don Luis y Lillo.)

Diego
    Seguro estás, hijo ingrato,
de que no culpe y condene
tu injusto y vicioso trato.
Porque mi lengua no tiene
palabras, no te maltrato.
    Será tu culpa mayor
no hallarse castigo igual
en palabras ni en rigor,
que aun no sé decir el mal
que sabes tú hacer mejor.
    Tus vicios me han retirado
de Madrid, y la prisión
fingida, el amor pasado;
no estoy como Cipión
con más honra desterrado,
    sino por vicios ajenos,
por necesidad, jamás
honrosa para los buenos;
no sabré decirte más
ni tú sabes hacer menos.

Luis
    ¡Con sermones cada día,
sin por qué ni para qué!
¡Oh, qué enfadosa porfía!
¿Estoy yo falto de fe,
o he venido de Turquía?
    ¿Qué he hecho yo que no sea
lo que un caballero mozo
si no es cartujo desea?
¿Qué quieres? Mis años gozo

         como mi edad los emplea.
           ¿He sido yo, cual Nerón,
         que quiso mudar el ser
         por variar el afición?
         Querer bien a una mujer
         es marca de discreción.

Lillo   Y a dos y a tres y a tres mil,
         y a cuantas el mundo abarca;
         sea hermosa, noble, vil,
         no es culpa mayor de marca
         y no es marca de gentil.

Luis   ¿Tú predicas?

Lillo   ¿Y te pesa?
         ¿Qué motilón no aprendió
         a echar también su traviesa,
         y si en el púlpito no,
         predica sobre una mesa?

Diego   Como todos en mi casa
         de tus daños participan,
         y toda por ti se abrasa,
         los que pueden se anticipan
         a llorar el mal que pasa;
           como has jugado y perdido
         la hacienda, que es sangre y vida,
         cualquiera será atrevido
         a culparte de homicida,
         pues tu flaqueza ha sentido.

Luis   Ya jugué, ya se perdió;
         también se pudo quemar

     la hacienda.

Lillo   ¿Y no se quemó?

Luis   La hacienda es para gastar,
     que para guardarla no.
      Ninguna moneda es buena
     no más que para dar peso
     a un arca pesada y llena;
     si no ha de servir más de eso
     bien puede henchirse de arena.

Lillo   Eres leído; ese ardid
     usó con agüelos míos
     o tuyos mi agüelo el Cid,
     mas no consiente judíos
     guardosos nuestro Madrid,
      que el señor Lercio, el pobre,
     gasta más de, lo que tiene
     y el tercio antes que le cobre;
     y al guardoso le conviene
     prestar de lo que le sobre.

Diego   No alabo yo de prudente
     a quien detuviese un río
     y guardase la corriente:
     ese fuera desvarío,
     pues corre continuamente.
      Coger la que es menester
     y la demás agua pase,
     pues hoy vendrá como ayer.
     Quien tiene renta no tase,
     guarde ni estreche el poder,
      que los ríos y los juros

corren siempre, están sus dueños
de la agua y renta seguros,
y no han de ser más pequeños
sus gastos, ni ellos más duros;
   pero es necio el que a la fuente
del río y de la hacienda,
deshace y rompe y no siente
que, cuando después pretenda
agua y río, no hay corriente.
   Mis posesiones vendí;
ya no tengo posesión
ni buena esperanza en mí;
retiréme a Torrejón,
mi sepulcro tendré aquí;
   éste has querido dejarme
que no le vendes jamás,
y no ha sido por honrarme,
mas porque no viva más
ni falte donde enterrarme.

Luis	Déjame ir. ¿Qué galera es ésta? ¿No basta el remo, sino atado al banco?
Diego	Espera.
Luis	¿Cómo he de esperar, si temo? Déjame esconder siquiera; son mis costumbres feroces, mi vida áspera e inculta; si por fiera me conoces, la fiera luego se oculta que siente pasos y voces. ¿No hay Indias? Italia y Flandes,

¿no pagan sueldo al soldado?
Que vuelva, pues, no me mandes,
que en mis males he juzgado
verte y oírte por grandes.

Diego
Escucha, que ya el temor
de padre que te castiga
quiere aplacar el rigor,
aunque se murmure y diga
que soy vasallo de amor;
 que de mi pasión arguyo
que alma y vida perderé;
pues gusto, aunque es malo el tuyo,
no solo que digan que
esclavo soy, pero cúyo.
 Si con honrosas ventajas
siguieras en una impresa
el ronco son de las cajas,
que el honor que se interesa
ilustra personas bajas,
 eso, Luis, ¿por qué no
pudiera ser? Que soldado
honraras a quien te honró;
mas irte desesperado
eso no lo diré yo.
 Espera y pretenderé
en Madrid alguna plaza
honrosa que el rey te dé,
porque con industria y traza
se alcanza lo que hoy se ve.
 El rey me la prometió.
cuando le anduve sirviendo,
y para ti diré yo
que la plaza, Luis, pretendo,

　　　　　　　　que cuyo soy me mandó.
　　　　　　　　　Cuando, después, victorioso
　　　　　　　　volvieses y acrecentado
　　　　　　　　con algún oficio honroso,
　　　　　　　　no pagues lo que te he dado;
　　　　　　　　gózalo tú y sé dichoso,
　　　　　　　　　que aunque es de tu padre y tuyo
　　　　　　　　el bien, ni aun correspondencia
　　　　　　　　de tu ingrato pecho arguyo,
　　　　　　　　y así yo le doy licencia
　　　　　　　　que no diga que soy suyo.

Luis　　　　　　　　Suéltame el brazo, que entiendo
　　　　　　　　que es del mar y que me anega.

(Derríbale.)

Diego　　　　　　　Con nueva razón me ofendo,
　　　　　　　　y ya mi pasión es ciega
　　　　　　　　si vengarme no pretendo.
　　　　　　　　　Apartas con tanta ira
　　　　　　　　de tus brazos mi flaqueza
　　　　　　　　que he caído; ¿no te admira
　　　　　　　　que está a tus pies tu cabeza,
　　　　　　　　y que Dios te escucha y mira?

Luis　　　　　　　　El viejo es fruta madura,
　　　　　　　　cáese ella misma y se pierde.

Diego　　　　　　　Es verdad, y más segura
　　　　　　　　y más dulce que la verde
　　　　　　　　y más tan amarga y dura.
　　　　　　　　　La misma comparación
　　　　　　　　puso alabando a los viejos,

                aquel prudente Catón,
                que en sus maduros consejos
                hay salud, gusto y sazón.

Luis   Pues cuando la fruta verde
                está en almíbar süave,
                amargura y daño pierde,
                y así hay mancebo que sabe
                más de que algún viejo acuerde.
                    Más discreto soy que vos.

(Dale con el pie y vase don Luis.)

                Levantaos y pasaré,
                que no cabemos los dos
                en el mundo.

Diego   Llega el pie
                que abrasen rayos de Dios.
                   Por el pie aleve y escala
                este ya violado templo
                donde tu pie se señala.
                Dios le corte para ejemplo
                de quien en culpas te iguala.
                 Bien haces, traidor; levanta
                contra mí, pues yo la he hecho,
                esa mal trazada planta,
                cuyo edificio deshecho
                deje la venganza santa.

(Salen los pastores, Crespo, Berrueco, y Mingo.)

Crespo   ¿Voces, clamores, rüido
                y salir echando chispas

              don Luis? Desgracia ha habido.

Berrueco   ¡O que le piquen avispas;
que es un bárbaro atrevido!
    Pero ¿no ves cómo está
levantándole del suelo
Lillo al viejo?

Mingo   Entremos ya.

Crespo   ¡Oh, malos truenos del cielo,
que quemen al que se va!
    ¿Qué es esto, señor?

Diego   No fue,
no tiene ser el pecado.

Berrueco   ¿Quién os derribó y por qué?
Que él se verá derribado
de Dios si le asienta el pie.

Diego   No quiero que se alborote
Torrejón.

Crespo   Pues ¿de eso dudas?
Es un Judas Iscariote
don Luis, y mató Judas
al padre con un garrote.

Lillo   No hay quien a contar acierte
lo que hoy ha sufrido el cielo.

Diego   Ya fragua un rayo más fuerte.
Voy a quien me dé consuelo,

                    que es Juana en mi adversa suerte.

(Vanse don Diego y Lillo.)

Crespo   No viniera un ciego aquí,
                y otras veces son prolijos,
                y rezaran, Mingo, ansí:
                «Padres, los que tenéis hijos,
                crïadlos bien, porque sí.»
                    Mas volvámonos, compadre,
                porque mi niña quedó
                muriéndose, y ya sin madre
                quedará, y quedaré yo
                sin un perro que me ladre.

(Sale César.)

César   ¿Por qué, si sabéis, amigos,
                le lleva ansí a los hombros
                Lillo a su amo?

Crespo   Hay testigos
                que vieron con mil asombros
                de venideros castigos
                    que don Luis le derribó
                y dio con el pie al volver
                a su padre, y le dejó;
                que es víbora y quita el ser
                al dueño que se le dio.

César   No creo yo de don Luis
                esa nueva mentirosa.

Crespo   Muy en su favor venís.

César	Don Luis no hiciera cosa tan buena como decís.
Mingo	¿Esto es bueno?
César	En la ocasión, porque maltratar al padre de tan mal hijo es razón, y en dar la muerte a su madre fue justísimo Nerón; que quien tal monstruo parió merecido premio fue morir por él cual murió, y es justo poner el pie en quien tal monstruo crïó.
Crespo	¡Andaos a plomosías! Vamos, mi niña veremos, que son al fin cosas mías.

(Vanse los tres pastores.)

César	Siguiendo al fin tus extremos,
	honor, al campo me envía.
	  Aquí dicen que ha venido
	mi enemigo don Luis;
	si os tiene tanto ofendido,
	César, A tiempo venís
	que todo lo halláis vencido.
	  A don Luis no conviene
	temer, que eso mesmo le ata
	las manos; vencido viene,
	que quien su padre maltrata

cierta la desdicha tiene.
   Y si pensaba Caín,
muerto ya su hermano Abel,
con ser menos culpa, en fin,
que la tierra iría tras él
hasta darle un triste fin,
   en don Luis que dice o piensa
que está mi espada envainada,
mejor vengaré mi ofensa
estando contra él la espada
de Dios alzada y suspensa.

(Sale la Santa sola.)

Santa   Albricias, alma mía,
que ya de vuestro bien se acerca el día,
y el destierro cumplido
que ausente de la patria os ha tenido,
el soberano Esposo
llamándoos a su tálamo amoroso,
con música os convida
a eterna paz, a enamorada vida,
al néctar de su vista deleitoso,
al real palacio, a la tranquila casa
donde no llega el mal ni el bien se pasa.
Con el salmista hebreo
cante, cual cisne, amor, vuestro trofeo;
decí a vuestro querido:
«Alegre estoy, mi Dios, de lo que he oído,
dichosa habitadora
seré de la ciudad donde el bien mora;
ya se pasó el invierno
ya se acerca el abril y el mayo tierno
que el cierzo no marchita ni desflora.

           Jerusalén, tus calles infinitas
           veré empedrar de jaspe y margaritas.»

(Sale el Ángel.)

Ángel   Juana: ¿qué nuevo canto
           te iguala al cisne?

Santa   ¡Ay, mi custodio santo!
           ¡Ay mi laurel divino,
           mi guarda compañero y mi padrino!
           Del contento que encierro
           pedí albricias. Alzáronme el destierro.
           Mañana, ángel, mañana,
           veré con vos la patria soberana
           rotos los grillos del pesado hierro
           que Adán echó a los hombres, de tal suerte,
           que no hay romperlos otro que la muerte.

Ángel   La invención sacrosanta,
           mañana, de la Cruz celebra y canta
           todo el mundo, y en ella
           te quiere Dios llevar a su Sión bella.
           En semejante día
           naciste al mundo para su alegría,
           el hábito tomaste
           y en este santo día profesaste.
           Juana eres de la Cruz, pupila mía,
           la Cruz adoras y en su día subes
           pasando estrellas y pisando nubes.

Santa   Para tan grande fiesta
           como me ofrece amor y Dios me empresta,
           cuando mi bien señalas,

	laurel divino, vuélveme mis galas;
	mi guardajoyas fuiste,
	la púrpura que el mismo Dios se viste
	de la cruz y los clavos
	que dieron libertad a sus esclavos,
	y la corona que guardar quisiste
	me puedes, Ángel, dar, porque con todas
	pueda subir a celebrar sus bodas.

Ángel   La cruz de Cristo, dama,
está a la cabecera de tu cama;
los clavos y corona
que el reino de tu Esposo y bien pregona
por único monarca,
guardadas tengo, Juana mía, en el arca
de tus joyas divinas,
donde tienes cilicio y disciplinas,
y otra prenda de amor que en cuanto abarca
el Sol no la hay más rica ni más bella,
en el arca te espera; corre a vella.

Santa   ¿Qué prenda es, Ángel santo,
la que me da mi Esposo y vale tanto?

Ángel   No vale Dios más que ella.

Santa   ¡Ay prenda soberana! ¡Ay joya bella!
¿Y en el arca encerrada
la tiene Dios?

Ángel   En ella está guardada.

Santa   ¿Qué joya es, Ángel bello?
Decidlo, que me muero por sabello.

Ángel
: Para que tu alegría sea doblada
no lo sabrás por más que lo deseas
hasta que abriendo el arca tu bien veas.

(Vase el Ángel.)

Santa
: Albricias, madres mías,
tocad a fiesta; haced mil alegrías,
venid cantando todas
veréis la joya de mi amor y bodas.
¡Ah, arca soberana!
¿Por qué no vas a verla, indigna Juana?
Alegraos, cielo, tierra,
por la joya que Dios en mi arca encierra,
por lo que en ella mi ventura gana.
Madres, vengan, verán mi prenda rica,
pues solo es bien el que se comunica.

(Salen María, monja, y otra Monja.)

María
: Madre: ¿qué voces son éstas?

Santa
: Si vieran lo que me ha dado
mi divino enamorado,
hicieran conmigo fiestas.
¡Oh, qué prendas manifiestas
tengo, madres, del amor
de mi divino Señor!
¡Oh, qué joya tengo entre ellas
que aventaja a las estrellas
en belleza y resplandor!

María
: ¿Dónde está? Vámosla a ver,

	sí nuestro amor lo merece, que, pues tanto la encarece, notable debe de ser.
Monja 1	Pues ¿no podremos saber qué joya es?
Santa	No lo sé yo, madres, que quien me la dió decírmelo no ha querido, porque el bien no prevenido en mucho más se estimó.

(Descúbrese una arquilla curiosa sobre una mesa.)

	Pero, pues el arca es ésta o, por mejor decir, zona de los clavos y corona que son galas de mi fiesta, hoy he de hacer manifiesta a todos la dicha mía, y la joya que me envía mi Dios les he de mostrar por que puedan celebrar justamente mi alegría. Hinquen las rodillas todas.

(Hínchanse.)

Monja 1	¿Qué será?
María	Nuevos favores de Dios, cada vez mayores.

Santa	Centro feliz que acomodas
las ventas de nuestras bodas;
velo hermoso, aunque pequeño;
depósito de el empeño
que el amor ha puesto en ti;
nave, que del Potosí
trae riquezas de mi dueño,
haz manifiesto el tesoro
que apetece mi deseo;
fe tengo, con ella creo
lo que sin ver en ti adoro;
salga de su mina el oro
que a mi ventura prevengo,
que, pues a gozarle vengo
sin saber lo que es diré:
«Tan rica estoy que no sé,
gran Señor, lo que me tengo.»

(Ábrese el arca y sale entre nubes doradas el Santísimo Sacramento.)

	Pero ¡ay cielos! ¿Qué ventura
es ésta?
María	¡Milagro extraño!
Santa
(Toquen poco.)	Pan que fertiliza el año
de la celestial hartura;
maná de eterna dulzura,
blanco que señala Juan,
medalla de amor galán,
pues a mi arca habéis venido,
diré que habéis proveído,
mi Dios, el arca del pan.
Mas, decidme, Esposo amado,

              ¿a qué a mi arca venís?
              ¿De qué enemigos huís,
              que os acogéis a sagrado?
              ¿Si porque os he celos dado
              os escondéis para prueba
              de mi amor? Ya sé que os lleva
              a que acechéis almas fieles
              por ventanas y canceles,
              mas por arca cosa es nueva;
                 mas como parto mañana
              a la patria de la vida
              prevenísme la comida,
              providencia soberana.

(Aparécese el Ángel junto al arca detrás de ella.)

Ángel   Esta forma, amada Juana,
                 comulgó un hombre en pecado
                 que está muerto y condenado,
                 y saliendo de él se vino
                 a tu poder.

Santa   ¡Qué divino
                 favor! ¡Qué tierno bocado!
                    Con tan divinos despojos,
                 ¿quién me iguala, laurel santo?

Monja I   Llena de amoroso llanto
                 estoy.

Santa   Fin de mis enojos,
                 pan de leche, pan con ojos
                 vos cumplisteis la esperanza
                 de mi bienaventuranza;

              mañana os comulgaré
              y la gloria alcanzaré,
              pues llevo en vos la libranza.

(Toquen poco. Encúbrese el Ángel y el arca.)

Monja I   Llena de confusión santa
              voy.

María   ¡Que tanto Dios regale
              un alma! La luz que sale
              de su hermoso rostro es tanta
              que nos deslumbra y espanta.

Monja I   Con tal reverencia quedo,
              que no oso hablarla, aunque puedo

María   ¿Quién su dicha no pregona,
              dándote Dios tal patrona,
              reino ilustre de Toledo?

(Vanse las monjas.)

(Salen los pastores, Crespo, Berrueco y Mingo.)

Crespo   Si no me la resocita
              yo me ahorco, madre Juana

Santa   ¡Oh hermanos!

Crespo   Firmeza hermana;
              y mos ama, no permita
              tal desgracia.

Santa	Pues ¿qué ha sido?
Crespo	Mis pecados deben ser. Cenó mi Elvirilla ayer unos berros, que han urdido mis penas, que tiene tacha de comerlos. Socedió —iay Dios!— que la dije yo: «No comas berros, mochacha.»
Santa	¿Y pues?
Crespo	Comió un amapelo entre los berros, y luego tomó las de Villadiego y afufólas para el cielo, que acá mos solos tenía; era sola y viudo yo, que Mari Crespa murió dicen que de hipocresía.
Berrueco	De hidropesía diréis.

Crespo	Sea lo que huere, en fin;
	ella heredaba un mastín,
	seis gallinas y otros seis
	   pollos, un majuelo, un banco,
	un barbecho y un rastrojo;
	un buey, aunque tuerto y cojo;
	un asno sin cola y manco,
	   una cama, un arambel
	con la historia de Tobías
	cuando al gigante Golías
	mató junto a Peñafiel,

  y otras cosas, que só rico.
  ¡Mirad vos qué hemos de her
sin hijos y sin mujer
el buey y yo y el borrico!
  Dadle vida, que es afrenta
que de comer ensalada
muera una mujer honrada
sin estar calenturienta.
  Si la matara el dotor
entre los más que ha matado
que, aunque necio, es licenciado,
diérame menos dolor;
  que, en fin, el puebro y alcalde
le pagamos y hace bien,
en matarmos, que no es bien
que le paguemos de balde;
  mas un amapelo cruel
no es bien. Sanad mi dolor,
que se correrá el dotor
de no haberla muerto él.

Santa   No seáis tan malicioso.

Crespo   No es malicia hablar verdad.

(Sale don Diego.)

Diego   Madre, estos labios honrad
con esos pies; vergonzoso
  vengo y con razón a vos
por no tomar los consejos
que, en ser vuestros, son espejos
de la claridad de Dios.

Santa   Señor don Diego: no es
             aquese vuestro lugar.

Diego   No os oso al rostro mirar,
             y así me postro a los pies.
                Un hijo que a intercesión
             vuestra, madre, Dios me ha dado
             y por haberse crïado
             con la santa educación
                vuestra en su tierna niñez,
             imaginé que aprendiera
             virtudes, con que me diera
             después alegre vejez;
                con las alas que mi amor
             le ha dado, la libertad
             de su loca y moza edad,
             el poco freno y temor
                que rompe y desprecia ya,
             tan en mi daño ha salido
             que, si la culpa he tenido,
             la pena él mismo me da,
                por darle yo larga rienda.
             A tal extremo ha llegado,
             que habiendo desperdiciado
             la honra con el hacienda
                que le di como indiscreto
             y él no supo disponer,
             por no tener que perder
             viene a perderme el respeto;
                aconsejástesme vos
             con tiempo que no le diese
             tanta licencia y temiese
             la estrecha cuenta de Dios.
                Pudo más su amor conmigo;

115

             por su causa a Dios dejé,
             y así quiere que me dé
             él mismo, madre, el castigo.

Santa   Y es razón, que a quien el yugo
             de Dios por sus gustos trueca
             sea el mismo por quien peca,
             señor don Diego, el verdugo;
                que no por ser don Luis
             vuestra sangre era razón
             no enfrenar su inclinación;
             que la sangre, si advertís,
                con ser la vida y substancia
             del cuerpo y más excelente
             humor, la saca el prudente
             cuando daña su abundancia.
                Cuando los límites pasa
             un hijo y la ley de Dios,
             sacad esa sangre vos
             y echadla, señor, de casa,
                que, si no es por este medio
             y no os permitís sangrar,
             mal os podremos curar
             agora que no hay remedio.
                A mi Esposo he suplicado
             que de don Luis y vos
             se duela. Es todo amor Dios;
             su real palabra me ha dado
                de enfrenar su juventud.
             Vos le pudierais sanar,
             que no siempre se ha de dar
             por milagro la salud;
                pero, como escarmentéis,
             explicaréselo agora.

Diego	Si vos sois mi intercesora, madre, ¿qué no alcanzaréis?
Crespo	¿Y mi hija, madre Juana?
Santa	A mi Esposo celestial rogaré.
Crespo	Ya olerá mal; ruégueselo presto, hermana.

(Sacan la Niña muerta.)

Santa   Dos padres piden, mi Dios,
a vuestro amor excesivo
por dos hijos: uno vivo
y otro muerto. Pues sois Vos
   camino, verdad y vida,
dádsela a los dos, que en calma
están, al uno en el alma,
que en vicios muerta y perdida
   pide por ella su padre,
y a la otra en el cuerpo. En esto
haréis, Señor, manifiesto
que me amáis.

Niña   ¡Ah Juana madre!
¿Por qué del sosiego eterno
me sacas, si en él me ves,
para que crezca después
y me condene al infierno?
   ¿Por qué del sacro sosiego
y del lugar celestial

	quieres que al mundo mortal vuelva a tu instancia y tu ruego? Posando estoy; adiós, madre; ¿a qué he de volver al suelo pudiendo siempre en el cielo encomendarle a mi padre?
Todos	¡Gran milagro!
Santa	Escarmentar en aqueste ejemplo pueden todos los padres que exceden la justa ley en amar a sus hijos demasiado.
Diego	Admirado, madre, voy.
Santa	Señor don Diego, desde hoy veréis vuestro hijo enmendado.
Diego	¡Gran santa!

(Vanse la Santa y don Diego.)

Berrueco	Desde este día mis hijos castigaré; a azotarlos voy a fe que si el padre que los cría con libertad se condena, que no ha de haber quien me note en eso.
Mingo	Yo haré un azote que de docena en docena

                    los sacuda.

Crespo   Voy a dar
                tierra a Elvira.

Berrueco   ¡Oh, quién pudiera,
                porque mujeres no hubiera,
                cuantas viven enterrar!

(Vanse. Salen Lillo y don Luis.)

Lillo   Tamañito estoy, que un niño
                me meterá en un zapato.
                Yo, señor, ya no te riño,
                que quien tiene tan mal trato
                no ha menester más aliño;
                    pero no quiero que venga,
                sobre ti un rayo de Dios,
                y estando yo cerca tenga
                en que entender con los dos.
                Voyme, por fin de mi arenga;
                    dos amos de malos tratos
                bastan, que el temor me amansa;
                no quiero terciar contratos
                de amor, que el diablo se cansa,
                dicen, de romper zapatos.

Luis   Ya te habías de haber ido.

Lillo   No pagas; porque me pagues
                lo que debes me despido.

Luis   Mira, Lillo, no me estragues
                la paciencia.

Lillo	¿Hete servido?
Luis	Sí.
Lillo	¿Hasme pagado?
Luis	Sí y no.
Lillo	Dime tú esa adivinanza, porque no la entiendo yo.
Luis	Ya te pagué en esperanza, que alguno en ellas pagó.
Lillo	¿Dísteme otra cosa?

Luis	Sí;
	más de dos bellaquerías
	que has aprendido de mí,
	y valen en estos días
	las indias de un Potosí.
	  Pregúntale a la riqueza
	por qué comunica menos
	con los hombres de nobleza
	o ingenio al fin, con los buenos,
	que ellos tienen más probeza,
	  y responderá al momento,
	porque de mentira, engaño
	y maldades me sustento,
	y nunca sabe hacer daño
	el de noble entendimiento.
	  Luego, si yo te he enseñado
	enredos, mentiras mías,

	traza de rico te he dado,
	y en moneda que estos días
	vale y corre té he pagado.

Lillo   Pues no pasa esa moneda
             en Torrejón.

Luis   ¿Por qué no?
             Bien hay quien trocarla pueda,
             que siempre el engaño halló
             quien sus mentiras hereda.

Lillo   Mis miembros que están desnudos
             no admiten estas razones,
             que engaños no son escudos.

Luis   Son con dos caras doblones.

Lillo   Pues págame tú en menudos,
                o haré a la justicia alarde
             del tiempo que te he servido.

Luis   Vete, villano cobarde,
             que desde aquí te despido.

Lillo   Ya llegó el despido tarde;
                que yo [ya] me despedí.
             ¡Que éste es el blasón que saco!

Luis   ¡Por Dios si paras aquí!

Lillo   Más vale servirme a mí
             para servir a un bellaco.

(Vase. Habla la voz de un Alma dentro.)

Alma   Hombre.

Luis   El paso, la persona,
                el movimiento, la voz,
                todo pienso que pregona
                temor que lengua feroz
                el aire denso inficiona.

(Sale un Alma, de galán.)

Alma   ¡Hombre!

Luis   Aunque dices mi nombre,
                y tú pareces lo mismo,
                me das causa que me asombre
                y esté en un confuso abismo,
                viendo que me llamas hombre,
                    y bien me puedo ofender
                porque hombre solo es afrenta,
                pues no dice más del ser
                y otro cualquier nombre aumenta
                valor, hacienda y poder.

Alma   Como vos no tenéis más
                de ser hombre el ser desnudo
                sin el bien que los demás,
                hombre os llamé y temo y dudo
                que no lo fuisteis jamás.
                    Cuando deshecha se ve
                y borrada una pintura,
                para dar noticia y fe
                de ella, escribirse procura

  su nombre y quién ella fue;
 y así, hombre, no os asombre
que siendo imagen de Dios
borrada, que aun no sois hombre,
porque os conozcáis en vos
de hombre os dé solo el nombre.

Luis   Como crecen los agravios
va creciendo en mí el temor.
Decid, pensamientos sabios,
¿cómo no siento valor
en el pecho ni en los labios?
 ¿Yo, cuanto más ofendido,
más temeroso y turbado?
¿Qué nueva mudanza ha sido?
¿Quién eres? No te he llamado
hombre, ni lo has parecido;
 porque un hombre igual a mí
solo y con armas iguales
no le temiera yo ansí.

Alma Aunque mienten las señales,
no soy cuerpo, un alma sí;
 un amigo y el más cierto
vuestro fui.

Luis   ¿Qué fugitivo
temor mi rostro ha cubierto?
¿Quién eres, que entierra el vivo
su memoria con el muerto?

Alma   Soy don Juan, el que en la corte
en tierna edad y con vos,
hice de mi gusto el norte.

Luis	Amigo caro —¡por Dios!— que tu rigor se reporte. Y dime: ¿en qué parte estás? ¿entre almas gloriosas?
Alma	Menos.
Luis	¿Entre condenados?
Alma	Más.
Luis	¿En el purgatorio? Buenos indicios de fe tendrás.
Alma	Allí estoy por atrevido, por libre, por descortés a mi padre.
Luis	¿Y ha tenido muchas penas quien lo es, alma, porque yo lo he sido?
Alma	Tantas tengo, que al momento me acordé de vos y quise daros algún sentimiento, y aunque no dejan que avise su gente el rico avariento, yo, que en más noble lugar estoy, por la Santa Juana os he venido a avisar, que experiencia soberana y memoria os pienso dar.

Luis	¿Es tan grande e inhumano,
	como el fuego del infierno
	el del purgatorio?
Alma	Hermano,
	aunque regalado y tierno,
	llegad la vuestra a mi mano.

(Danse las manos y sale de ellas una llama de fuego.)

Luis	¡Ay, que me abraso y me quemo,
	no solo la mano y palma,
	sino el alma! Morir temo.
Alma	¡Hombre, que os avisa un alma!
	Mudad el vicioso extremo.

(Vase.)

Luis	Mano de fuego, esperad,
	no os apaguéis; mas por Dios,
	que con la luz que dais vos
	descubro yo una verdad,
	pero no tanta crueldad,
	aunque es venganza forzosa,
	haced dos luces piadosa;
	sed justa viendo propicia,
	misericordia y justicia,
	que una sin otra es dañosa.
	Dios mío, este fuego labra
	nueva vida; desde luego
	pondré la mano en un fuego
	que he de cumplir mi palabra.
	Vuestro tesoro se abra

de gracia, a quien llevó aquellos
pecados por los cabellos,
que yo no puedo, mi Dios,
ir con ellos yendo a Vos,
ni sin Vos librarme de ellos.
    Vayan arrastrando, lleguen,
pues llevo en la mano luz,
al Rojo mar de la cruz
donde se limpien y aneguen.
Ningunos respectos nieguen
el bien que el alma ganó;
no hay inconvenientes, no,
que me estorben mi deseo,
pues siendo cambio Mateo
con cielo y tierra se alzó.
    Padre de mi alma, espera,
que sí a mirarte me atrevo,
Dios me dará un libro nuevo
y el del cordero quisiera;
ya entiendo su verdadera
música y puedo enseñar
en esta mano a cantar,
que en esta mano si vive
se ve lo que no se escribe
sino es al Rey Baltasar.

(Vase. Salen tres pastores, don Diego, César, doña Inés y los más que pudieren.)

Pastor I   Nuestra madre se nos muere,
                  nuestro amparo, nuestra Santa.
                  Cielos, ¿qué habemos de hacer?

Pastor II   No castiguéis nuestra patria

	con tal azote, mi Dios.
Pastor III	Dadnos, nuestra madre amada,
	nuestra salud, nuestra vida,
	y el amparo de la Sagra.
Inés	¡Ay de mí, triste sin ella!
Diego	Si muere la Santa Juana,
	¿qué aguarda más mi vejez?
César	Mostradnos, madres amadas,
	el cuerpo de nuestra madre,
	para dejar consolada
	nuestra tristeza y pesar.
Inés	Madres: las puertas se abran
	para ver este tesoro.
Todos	Mostradnos, madres, la Santa.

(Sale una Monja.)

Monja	Por cumplir vuestros deseos,
	antes que del cuerpo salga
	de este ángel el alma bella,
	que ya apresta su jornada,
	es justo que la veáis.

(Descubren una cortina y aparecerá la Santa de rodillas con un Cristo en la mano y coronada la cabeza como la pintan y las monjas a sus lados, y estén sobre una tarima a forma de cama.)

Diego	Madre nuestra, madre Juana,

	¿por qué nos dejáis tan tristes?
Santa	Sosegad, hijos, las ansias.
Pastor II	¿Quién ha de poder, si vemos perdida nuestra esperanza?

(Sale don Luis.)

Luis	Juntos están. Pediré

de mis culpas la venganza.
Humilde estoy a esos pies,
veis aquí, César, mi espada
para vengar los delitos
que la justa muerte aguardan,
y ansí digo que gocé
a doña Inés, y palabra
doy, si gustáis, de su esposo.
Dejad ofensas pasadas
si acaso el perdón merece
una culpa confesada.
Padre mío, yo os suplico
que, no mirando a mis faltas,
me perdonéis como a hijo.
Perdón pido, madre Juana,
rogad a los dos por mí,
y a Dios que sane la llama
de este fuego riguroso;
rogádselo, madre santa;
humilde el favor os pido;
por vos el perdón aguardan
mis pecados.

Santa	Levantad,

	hijo; que mejor alcanzan
esas lágrimas con Dios
el perdón que mis palabras.
Yo rogaré de mi parte
que Él os conserve en su gracia,
y a don Diego y César pido
que perdonen vuestras faltas.
Diego	Basta que vos lo pidáis
para quedar perdonadas.
César	Perdón y brazos os doy.
Luis	Vuestra nobleza se ensalza
con este nuevo favor,
y merced tan señalada,
que perdón tan liberal
de vos solo se esperaba.
Diego	Dad a doña Inés la mano,
Luis	Mas —¡ay de mí, virgen Juana,
ya estoy sano de aquel fuego
que tanto me atormentaba!
Inés	Yo me tengo por dichosa,
después de tantas desgracias,
pues he venido alcanzar
mis perdidas esperanzas.
Yo soy, señor, vuestra esposa.

(Descúbrese de rodillas sobre una tarima, puestas las manos La Santa elevada, y a sus lados las monjas hincadas de rodillas.)

Santa	Hijos, adiós, que me llama mi Esposo. Allá, en su presencia, tendrá eternamente España, y en ella este reino ilustre, una propicia abogada. Esposo, venid por mí.

(Dentro.)

Jesús	Sube a gozar, prenda santa, los premios de tus trabajos.

(Toquen poco.)

Diego	¡Gran suerte!
Todos	¡Visión extraña!
Aldonza	Madre, ¿que os vais de esa suerte?
Santa	Quedaos a Dios, prendas caras. ¡Mi bien!

(Aparece el niño Jesús.)

Jesús	¡Mi esposa!
Santa	¡Mi Dios!
Jesús	Con las joyas soberanas de mi cruz, corona y clavos, te recibo.
Santa	Joyas santas.

                        Cruz mía, con vos nací,
                        Juana de la Cruz me llama
                        el mundo, y es justa cosa,
                        Cruz, pues sois mi joya amada,
                        que vos me llevéis al cielo,
                        y por que segura vaya,
                        en vuestras manos, Señor,
                        os encomiendo mi alma.

Jesús   Ven a mi palacio eterno.

Diego   El corazón se me arranca.

(Suben la tramoya.)

Ángel   Aquesta corona y silla
                        es para la Santa Juana.

(Tocan.)

Luis   ¡Oh, venturosa mujer!
                        Si tus divinas hazañas
                        se hubieran de reducir
                        a poemas, no bastaran
                        cuantos ingenios celebra
                        con tanta razón España.
                        Quédese a la devoción,
                        pues que las lenguas no bastan.

                        Fin de la comedia

Libros a la carta

A la carta es un servicio especializado para
empresas,
librerías,
bibliotecas,
editoriales
y centros de enseñanza;
y permite confeccionar libros que, por su formato y concepción, sirven a los propósitos más específicos de e
stas instituciones.

Las empresas nos encargan ediciones personalizadas para marketing editorial o para regalos institucionales. Y los interesados solicitan, a título personal, ediciones antiguas, o no disponibles en el mercado; y las acompañan con notas y comentarios críticos.

Las ediciones tienen como apoyo un libro de estilo con todo tipo de referencias sobre los criterios de tratamiento tipográfico aplicados a nuestros libros que puede ser consultado en Linkgua-ediciones.com.

Linkgua edita por encargo diferentes versiones de una misma obra con distintos tratamientos ortotipográficos (actualizaciones de carácter divulgativo de un clásico, o versiones estrictamente fieles a la edición original de referencia).

Este servicio de ediciones a la carta le permitirá, si usted se dedica a la enseñanza, tener una forma de hacer pública su interpretación de un texto y, sobre una versión digitalizada «base», usted podrá introducir interpretaciones del texto fuente. Es un tópico que los profesores denuncien en clase los desmanes de una edición, o vayan comentando errores de interpretación de un texto y esta es una solución útil a esa necesidad del mundo académico.

Asimismo publicamos de manera sistemática, en un mismo catálogo, tesis doctorales y actas de congresos académicos, que son distribuidas a través de nuestra Web.

El servicio de «libros a la carta» funciona de dos formas.

1. Tenemos un fondo de libros digitalizados que usted puede personalizar en tiradas de al menos cinco ejemplares. Estas personalizaciones pueden ser de todo tipo: añadir notas de clase para uso de un grupo de estudiantes, introducir logos corporativos para uso con fines de marketing empresarial, etc. etc.

2. Buscamos libros descatalogados de otras editoriales y los reeditamos en tiradas cortas a petición de un cliente.

www.ingramcontent.com/pod-product-compliance
Lightning Source LLC
LaVergne TN
LVHW041256080426
835510LV00009B/763